AF451733

MÉMOIRE

SUR L'EMPLOI DE LA PRESSION ATMOSPHÉRIQUE

SUR LES CHEMINS A RAILS,

LU A LA SOCIÉTÉ ACADÉMIQUE D'ARRAS, DANS SES SÉANCES
DU 19 JUILLET ET 2 AOUT 1844,

par le colonel RÉPÉCAUD, chancelier de cette Académie.

ARRAS :

IMPRIMERIE DE JEAN DEGEORGE, RUE DU 29 JUILLET.

—

1844.

MÉMOIRE

SUR L'EMPLOI DE LA PRESSION ATMOSPHÉRIQUE

COMME MOYEN DE TRACTION

OU DE PROPULSION SUR LES CHEMINS A RAILS.

PREMIÈRE PARTIE.

Discussion des modes connus , de propulsion atmosphérique.

Pour imprimer le mouvement à un train de voitu-res , sur les chemins à rails , on fait usage de ma-chines à vapeur de deux manières différentes : ou ces machines sont mobiles et parcourent elles-mêmes le chemin sur lequel elles entraînent toutes les voitures d'un convoi attachées derrière elles à la suite les unes des autres ; ou bien elles sont fixes , et la force qu'elles produisent se transmet aux voitures , par quelqu'in-termédiaire.

Par des machines mobiles dites locomotives.

Le premier de ces modes ne peut être employé que sur des chemins d'une faible pente ; il exige donc souvent ou de grands détours dans le tracé de ces chemins ou des terrassements considérables pour rehausser ou abaisser le sol et même des percées souterraines au travers des montagnes ; il est cependant généralement adopté malgré les fortes dépenses qu'occasionnent ces travaux , malgré aussi les dangers auxquels il expose.

Par des machines fixes.

Le deuxième mode, l'emploi des machines fixes n'a été d'abord qu'un moyen accessoire auquel on a eu recours pour éviter les travaux dispendieux qui viennent d'être indiqués ; il permet de donner une assez forte pente à quelques parties des chemins ; sur

Et des cordages.

ces rampes, on fait monter les voitures au moyen de cordes qui s'enroulent sur les tambours de cabestans qui sont mus par les machines. On conçoit quelle résistance la raideur des cordes doit opposer à ce mouvement ascensionnel, et combien il doit être lent. La vitesse doit être moindre encore, à la descente, si pour la modérer on fait usage des mêmes cabestans qu'il faut alors isoler des machines motrices et soumettre à des freins, et si, au lieu de cela, on applique les freins aux voitures elles-mêmes, abandonnées, du reste, à l'action de la pesanteur, on a une manœuvre accessoire à faire, celle du déroulement des cordes. Aussi ce deuxième mode a-t-il été rarement employé, et n'a-t-on jamais pensé à l'ap-

Ou des tubes pneumatiques.

Pression atmosphérique sur un piston.

pliquer à toutes les parties d'un chemin , à le substituer entièrement à celui des machines mobiles. Ce but, on a cherché à l'atteindre en remplaçant le cabestan par un tube cylindrique établi dans toute la longueur du chemin , sur son axe L'air étant raréfié dans ce tube , par l'action d'une machine à vapeur sur un appareil pneumatique , un piston , placé à l'une des extrémités de ce même tube fermé à son extrémité opposée, se trouve sollicité par deux forces inégales : d'un côté par la pression atmosphérique, de l'autre par la force d'expansion que possède encore l'air raréfié. Or, il y a entre ces deux forces agissant en sens contraires le même rapport qu'entre la quantité d'air que le tube contenait d'abord , et celle qu'il contient encore (loi de Mariotte.) La première agira donc sur le piston, en raison de sa supériorité. Si, par exemple, on a extrait du tube la moitié de l'air qui y était renfermé, ce piston sera sollicité par une force égale à un poids de 51_k92 , multipliée par le nombre de décimètres carrés de la base du cylindre ; il sera donc mis en mouvement et s'avancera dans ce cylindre, si cette force est suffisante pour surmonter la résistance que lui opposeront le poids de ce piston , celui des corps que l'on voudrait faire mouvoir avec lui, et les frottements.

Action continue de la machine pneumatique.

On conçoit que cette force motrice diminuerait à mesure que l'air contenu dans le tube y serait resserré dans un moindre espace, par l'effet de la marche du piston et que celui-ci s'arrêterait avant d'arriver à l'extrémité du tube, si, pendant son mouvement, cet air n'était pas incessamment raréfié par l'action de la machine sur l'appareil aspirateur.

Mais comment lier à un piston renfermé dans un tube, un wagon remorquant les voitures d'un convoi?

On ne s'est pas arrêté à l'idée de faire mouvoir dans un tube, à la suite du piston, les objets de faibles dimensions, que l'on aurait à transporter; on a écarté l'idée également et follement émise, de donner à ce tube un diamètre assez grand pour que des voitures puissent y entrer.

Le moyen auquel on s'est fixé, c'est de pratiquer dans toute la longueur du tube une fente assez large pour donner passage à une tige verticale liée d'une part au piston et, de l'autre au wagon; mais cette rainure doit être fermée, ne s'ouvrir qu'après le passage de la tête du piston et se refermer en arrière de la tige de connexion, ce qui présente une assez grande difficulté.

Pour cela, on a imaginé successivement:

1°. Une soupape à eau qui, la supposât-on parfaite, ne pourrait servir que sur un chemin parfaitement de niveau, et serait hors d'usage pendant l'hiver.

2°. Une valve en corde qui n'a pas été adoptée, parce que si elle était fixée aux deux extrémités d'un tube, il faudrait qu'elle s'allongeât, en se soulevant pour donner passage à la tige, et qu'on la détachât et la rattachât à chacune de ses extrémités successivement, d'abord pour la faire entrer dans une ouverture pratiquée dans cette tige et ensuite pour l'en faire sortir, et que si on ne l'a fixait pas, des difficultés non moins graves se présenteraient.

3°. Un clapet continu formé d'une bande de cuir garnie, en-dessus et en-dessous, de plaques de tôle, et tournant autour d'un de ses bords faisant charnière. Ce soulèvement du clapet et son abaissement après le passage de la tige sont produits par des galets et rouleaux. Cette fermeture n'étant pas assez parfaite pour empêcher la rentrée de l'air dans le tube, on remplit le joint du clapet d'une matière grasse que l'on ramollit au moyen d'un réchaud qui suit le wagon. Ce clapet longitudinal imaginé par MM. Clegg et Samuda, essayé d'abord près de Paris et ensuite près de Londres a été enfin employé avec quelque succès près de Dublin sur un chemin à rails d'environ 3 kil. de longueur; mais ce succès est loin d'être complet, il rentre beaucoup d'air, dans le tube, par le joint de ce clapet.

4°. Enfin une paire de bourrelets remplis d'air comprimé, lesquels placés sur les deux bords de la rainure, ferment le tube comme les lèvres ferment la bouche, et laissent passer entr'eux la tige de connexion, comme les lèvres, serrées l'une contre l'autre, laissent glisser un crayon plat, sans donner passage à

Celui imaginé par M. Hallette est préférable à tout autre.

l'air. Ce moyen de fermeture, imaginé par M. Hallette, est aussi simple qu'il est ingénieux ; quelques essais faits dans les ateliers de cet habile constructeur semblent donner une garantie de son efficacité, pourvu que l'on parvienne à fabriquer, pour en former l'enveloppe des deux lèvres, un tissu en même temps souple et imperméable à l'air, et que l'on mette ce tissu à l'abri de toute altération et dégradation.

Malgré l'imperfection du moyen de fermeture employé près de Dublin, sur le chemin de Kingstown à Dalkey, on ne peut pas dire que MM. Clegg et Samuda ne réussiront pas à l'améliorer et à rendre cette fermeture presqu'hermétique ; mais on doit espérer beaucoup plus de l'emploi des lèvres de M. Hallette ; aussi

Cette difficulté écartée............

supposerons-nous, malgré l'incertitude qui reste encore, au sujet du tissu formant l'enveloppe de ces lèvres, qu'elles rempliront parfaitement leur objet, qu'elles ne laisseront pas rentrer dans le tube une seule bulle d'air, et c'est sous un autre rapport que nous allons

Discussion du système.

discuter le système de propulsion atmosphérique, rechercher quels seraient les avantages et les désavantages de son emploi exclusif sur les chemins à rails :

Il ne serait économique.....

On a dit qu'en adoptant ce système, l'établissement des chemins et de tous leurs accessoires serait moins coûteux que dans le système des locomotives ; mais les évaluations faites à l'appui de cette allégation re-

Que dans deux hypothèses.

posent sur deux hypothèses qui nous paraissent contestables, l'une dans son principe, l'autre dans les conséquences qu'on en a tirées :

On a supposé 1° que sur les chemins dits atmos- phériques, quelque puisse être la fréquence des convois, il suffirait d'une seule voie et par conséquent d'une seule ligne de tubes.

2°. Que la pente sur ces chemins n'étant pas aussi étroitement limitée que sur les chemins à locomotives, on n'aurait plus à faire d'aussi grands remblais pour traverser les vallées, ni à creuser des tranchées aussi profondes, qu'il ne serait plus besoin de traverser souterrainement des montagnes, et que les travaux d'art à exécuter seraient presque nuls.

MM. Clegg et Samuda n'ont rien énoncé, que nous sachions, à l'appui de la première de ces hypothèses ; M. Hallette a cherché à la justifier en créant une voie et un tube d'évitement vis-à-vis chaque machine fixe. C'est là, sans doute, une amélioration ; mais est-elle suffisante ? lorsqu'un wagon devrait entrer dans la gare d'évitement, il aurait à décrire une courbe d'un très petit rayon et c'est alors qu'il ne serait plus maintenu sur les rails par son piston qui, lui-même, ne serait plus maintenu sur l'axe de la voie, par le tube, puisqu'il serait sorti de ce tube. Ce piston n'entraînerait plus le wagon, il serait au contraire transporté par lui dont le mouvement se continuerait en vertu de la vitesse acquise, et qui ne dévierait de la direction rectiligne de ce mouvement, que par suite de la résistance latérale que les rails courbes lui oppo-

seraient. Le piston entrerait ensuite dans le tube d'é-
vitement lequel, à son origine, aurait une courbure
d'un très petit rayon.

Les mêmes inconvénients se reproduiraient à la sortie de la gare, mais admettons qu'on parviendra à les
éviter et voyons si les croisements de convois n'occa-
sionneraient pas de grands retards, s'ils pourraient
être, comme le dit M. Hallette, aussi multipliés qu'on le
voudrait : pour prouver cela, ce constructeur suppose
un long chemin comprenant 17 sections de tubes de
8,000 mètres chacune, ayant, par conséquent 136 kilomètres de développement, et il dit qu'alors, et sur
tout chemin composé d'un nombre impair de sections,
deux convois devraient partir au même moment des
deux extrémités de la ligne, pour aller l'un au-devant
de l'autre ; de manière à arriver en même temps vers
la gare, située au centre du chemin, qu'ainsi l'un de
ces convois pourrait continuer son mouvement sans
se détourner, (mais non sans s'arrêter puisque, le tube
en avant de lui serait plein d'air), tandis que l'autre
suivrait la voie d'évitement. Dans le cas où le nombre
des sections serait pair, l'un des convois, devrait partir six minutes avant l'autre, dit M. Hallette.... n'est-ce
pas supposer dans le service une ponctualité impossible à atteindre, et, dans la vitesse des convois, une
égalité d'autant plus impossible que l'un de ces convois aurait souvent plus à monter que l'autre ; n'y
aurait-il pas d'ailleurs des stations intermédiaires.

plus nombreuses, peut-être, d'un côté que de l'autre? et quand cela ne serait pas, s'arrêterait-on également dans toutes? mais il y a une objection plus sérieuse que celles-là ; sur le chemin, pris pour exemple, de 136 kilomètres de longueur. Même avec la vitesse exagérée de 80 kilomètres à l'heure, l'un des convois serait en marche, pour le parcourir, pendant une heure 42 minutes, l'autre s'arrêterait quelques instants dans la gare , tous deux feraient des haltes plus ou moins longues aux stations intermédiaires ; de sorte qu'à eux seuls , ils occuperaient le chemin pendant deux heures... ce qui ne s'accorde guères avec la fréquence des convois.

Il faut convenir que ce qui diminue la gravité de cette objection, c'est que M. Hallette ne propose pas de n'établir qu'une seule gare sur un chemin aussi long que celui qu'il a pris pour exemple, il y en aurait une de 8 en 8 kilomètres ; mais alors il faut renoncer à régler la marche des convois de manière à faire arriver en même temps, aux différentes gares d'évitement, ceux qui marcheront dans des sens opposés ; ils pourront donc se trouver au même moment, entre deux gares consécutives, et même aux deux extrémités d'une même section de tube. Peu importe que les deux conducteurs s'arrêtent alors, ou qu'ils laissent les deux pistons remorqueurs s'engager dans ce tube ; car dans ce dernier cas même la rencontre serait sans danger, où plutôt, elle n'aurait pas lieu réellement :

l'air comprimé entre les deux pistons aurait bientôt acquis assez de densité pour les arrêter ; mais dans les deux cas, il serait nécesssaire de faire reculer l'un des convois jusqu'à la gare, située en arrière de lui, et il serait à craindre que cette gare ne fut déjà occupée, ce qui obligerait de mettre tout le convoi hors de voie, à force de bras, pour le replacer plus tard sur cette même voie, et comment ferait-on reculer ce convoi? M. Hallette a annoncé que son piston aurait sur celui employé à Kingstown, l'avantage de pouvoir marcher dans les deux sens ; mais il n'a pas encore cette propriété, on pourra la lui donner (nous dirons comment) mais alors même le wagon ne pourrait pas entraîner les voitures, puisque, dans sa marche rétrograde, il les aurait devant lui, il ne pourrait que les pousser, et mieux vaudrait, peut-être les faire reculer toutes, l'une après l'autre, à force de bras.

Pendant que se ferait cette longue et pénible manœuvre, tout mouvement serait forcément interrompu dans toute l'étendue du chemin, si ce n'est pour les convois qui s'éloigneraient du point de concours, tous les autres devraient faire halte dans les gares ; il y aurait donc une grande perturbation dans le service de ce chemin, et la cause pourrait s'en renouveler fréquemment, si, comme on l'a supposé le chemin était très-fréquenté.

Ces considérations n'autorisent-elles pas à en tirer cette conclusion que sur les chemins atmosphériques, comme sur ceux à locomotive, il serait nécessaire d'avoir deux voies, l'une pour aller dans un sens, l'autre pour marcher dans le sens contraire ; mais alors on ne pourrait plus faire valoir en leur faveur l'économie de leur établissement ; car au lieu de ne coûter que 230,000 francs par kilomètre, non-compris l'achat du terrain (évaluation de M. Hallette) ils en coûteraient 425,000 environ, 125,000 francs de plus qu'un chemin à locomotive ayant double voie ; il y aurait donc comparativement à ce dernier chemin, au lieu d'une diminution de 24 pour cent dans la dépense une augmentation de 42 pour cent.

Notons que dans cette évaluation on a supposé que les tubes auraient 0^m50^c de diamètre et que M. Hallette a renoncé à cette grande dimension et adopte, comme on l'a fait à Kingstown, le diamètre de 0^m38^c, ce changement donnerait lieu à une plus forte économie en faveur des chemins atmosphériques à une voie ; et à une moindre augmentation de dépense pour ceux à double voie ; mais ceux-ci coûteraient encore beaucoup plus que ceux à locomotives également à deux voies.

Ces derniers chemins coûtent-ils effectivement plus que ne coûteraient ceux atmosphériques à une seule voie ? C'est ce qui peut être contesté, et si les évaluations faites par les promoteurs de ces nouveaux chemins, semblent le prouver, c'est qu'elles reposent sur la deuxième hypothèse que nous avons déjà indiquée et qui , vraie en principe, a conduit à des conséquences exagérées. De ce que l'on pourrait donner aux chemins une plus forte pente , on en a conclu qu'on n'aurait plus à faire de grands terrassements, plus de percées souterraines, plus de constructions désignées sous le nom d'ouvrages d'art , et l'on a rayé de la dépense, plus de 80,000 francs , par kilomètre de chemin (évaluation de M. Mallet.) Cela serait admissible, peut être , si cela ne s'appliquait qu'à des portions de chemins dont l'établissement pour des locomotives, avec des pentes de 5 à 6 millimètres par mètre , exigerait des terrassements extraordinaires, des percements de tunnels , des constructions de ce qu'on appelle improprement des viaducs ; mais c'est la moyenne de l'économie à obtenir sur chaque kilomètre d'un long chemin , que l'on évalue aussi haut, et c'est une exagération évidente.

Si sur les premiers , les pentes pouvaient être bien plus fortes que sur les seconds.

Est-il bien certain, d'ailleurs, que l'on n'aurait plus à faire ces travaux dispendieux , en adoptant les chemins atmosphériques? Il faudrait, pour cela, que l'on pût donner à ces chemins une pente bien plus forte que celle praticable par les locomotives.

Mais cela ne serait possible qu'avec de fortes pompes et pour de faibles charges.

Cela est vrai en principe, on peut même supposer un chemin vertical ; mais la force de traction devrait être égale alors au poids à soulever, et ce poids ne fût-il que de 10 tonnes, ou 10,000 kilog. , celui du plus faible convoi. le tube capable de donner cette force devrait avoir $1^m 11^c$ de diamètre, s'il était possible d'y faire le vide absolu ; et si l'on n'en retirait que la moitié de l'air, son diamètre devrait être de 1^m57^c, en faisant abstraction du frottement du piston. Avec un tube de 0^m38^c tel que celui du chemin de Kingstown, le piston ne pourrait soulever qu'un poids de 1,172 kilog. en faisant le vide, et seulement de 586 kilog. en ne raréfiant l'air qu'à la moitié, dans le tube. Aussi, sur ce chemin, la plus forte pente est-elle moindre de 10 millimètres par mètre.

M. Hallette avait calculé qu'avec des tubes de 0^m50^c de diamètre, il pourrait porter cette pente à 40 millimètres, mais puisqu'il réduit ses tubes au diamètre du tube de Kingstown, il devra réduire aussi cette pente, ou bien l'on devrait diminuer le poids des convois.

On verra qu'avec des tubes du calibre de celui de Kingstown, des rampes de 20 à 30 milli. par mètre, ne seraient praticables que par des convois très légers. Nous déterminerons plus loin la relation qui doit exister entre ce poids, la pente du chemin et la force de traction, force qui dépend du diamètre du tube et du degré de raréfaction de l'air dans ce tube, et nous nous bornerons à conclure de ce qui précède que les chemins atmosphériques établis d'après le mode de MM. Clegg et Samuda, ou d'après celui de M. Hallette, ne pourraient pas avoir des pentes approchant celle de 20 ou de 30 millimètres par mètre, à moins qu'on ne réduise, outre mesure, la charge des convois ; la substitution de ces chemins à ceux établis pour locomotives pourrait donc bien dispenser de quelques terrassements, mais non des percées

Ces pentes ne suffiraient pas pour dispenser de grands travaux dans l'établissement des chemins.

souterraines et des travaux d'art : c'est faire assurément une forte concession que de ne diminuer que de moitié l'économie de 80,000 fr. environ, que l'on prétendait faire sur cette partie du travail, et de là on peut conclure cependant que non-seulement les chemins atmosphériques à deux voies, mais aussi ceux à une seule voie coûteraient plus, pour leur établissement, que ceux à locomotives, à double voie.

De plus grands tubes coûteraient beaucoup plus.

On combattra peut-être cette conclusion, en disant qu'elle suppose l'emploi de tubes de 0^m38^c de diamètre, et que rien n'empêche d'en employer d'un plus grand calibre. Cela est vrai, la force de traction croîtrait comme le carré du diamètre ; mais aussi le développement de l'enveloppe métallique des tubes croîtrait comme ce diamètre, et si l'on admet que son épaisseur doive augmenter dans le même rapport, le volume du métal croîtrait proportionnellement à la force que l'on voudrait déployer, et par conséquent au poids du convoi.

Et l'on ne pourrait pas n'en grossir que quelques-uns.

Mais, répliquera-t-on, ne pourrait-on pas agrandir seulement les tubes établis sur les fortes pentes ? Non, dirons-nous, on ne le pourrait pas en pratiquant le procédé de MM. Clegg et Samuda ou celui de M. Hallette ; parce que, suivant l'un comme suivant l'autre.

Leur égalité de calibre donnerait lieu, d'ailleurs, à de graves inconvéniens.

le même piston parcourt successivement tous les tubes d'un chemin. Si sur une seule rampe plus rapide que les autres, on grossissait le tube il faudrait donc le grossir partout ; au reste l'augmentation de la dépense ne serait pas le seul inconvénient qui résulterait de là.

Pour nous expliquer sur ce point, il est nécessaire que nous fassions distinguer deux périodes, dans l'action de la pompe pneumatique : pendant la première, cette pompe raréfie l'air, dans le tube propulseur, au degré nécessaire pour que l'excédant de la force de pression atmosphérique sur la force expansive de l'air raréfié, soit égale à la résistance opposée au mouvement par le poids du piston et du convoi, et par les frottements... résistance qui varie suivant la pente plus ou moins rapide du chemin. Le temps employé pour atteindre ce degré de raréfaction, est proportionnel à la capacité du tube, et il est en raison inverse de l'aire des corps de pompe et de la vitesse des pistons de cette pompe ; ainsi, si l'on augmente le diamètre du tube, sans rien changer à l'appareil aspirateur, la durée de ce premier période ne varie pas, parce que si elle doit augmenter proportionnellement à l'aire du tube, en raison de la plus grande quantité d'air à en extraire, elle doit aussi diminuer, dans la même proportion, à cause du moindre degré de raréfaction nécessaire pour produire le même effet.

Il n'en est pas de même pendant le deuxième période : alors le piston est en mouvement dans le tube propulseur, et sa vitesse est indépendante et de la charge du convoi et du plus ou moins de rapidité du chemin ; elle est, à l'inverse de la durée du premier période, proportionnelle à la vitesse et à l'aire des pistons de la pompe, et en raison inverse de l'aire du tube ; ainsi, si cette aire est augmentée, et que rien ne soit changé à l'appareil pneumatique, cette vitesse sera diminuée et cette diminution aura lieu dans les parties horizontales du chemin, comme sur sa rampe la plus rapide. Pour obtenir une plus grande vitesse, il faudrait donc augmenter le pouvoir de l'appareil aspirateur, c'est-à-dire les dimensions de ses pistons et leur vitesse, et augmenter aussi, par conséquent, la force de la machine à vapeur.

Indépendamment de ces causes d'augmentation de dépenses, soit dans l'établissement du chemin et des machines; soit dans la consommation du combustible, il est à remarquer que sur un chemin de pentes variables, comme ils le sont tous, le degré de raréfaction nécessaire pour vaincre l'inertie du convoi serait différent suivant la pente plus ou moins forte du chemin à son origine, et qu'ensuite il y aurait irrégularité dans la vitesse, et même possibilité d'intermittence dans le mouvement; en effet : lorsqu'un convoi ascendant passerait d'une pente douce à une rampe plus ou moins raide, sa résistance au mouvement deviendrait plus grande ; il faudrait donc que le degré de raréfaction de l'air, dans le nouveau tube, augmentât tout-à-coup pour que cette résistance fut vaincue, la force employée pour créer la vitesse serait donc consommée, en partie du moins, à produire cet accroissement de raréfaction ; il y aurait donc ralentissement, sinon cessation momentanée de mouvement, et si la vitesse acquise suffisait pour empêcher ce dernier effet, elle ne détruirait certainement pas le premier.

Lorsque, au contraire, le même convoi passerait d'une rampe à une partie peu inclinée du chemin, sa résistance au mouvement devenant moindre absorberait une moindre portion de la force due à la raréfaction de l'air dans le nouveau tube, il en resterait donc davantage pour produire la vitesse, il y aurait donc, tout-à-coup, accélération dans cette vitesse, et cet effet ne serait pas contrebalancé par la quantité de m ouvement du convoi.

On ne pourrait éviter le ralentissement.

On pourra dire que si l'on ne peut rien faire pour éviter le ralentissement brusque dont nous venons de signaler la cause, il n'en est pas de même à l'égard de l'accélération ; M. Hallette s'est ménagé un moyen de

Et l'on ne corrigerait l'accélération de la vitesse, qu'imparfaitement et en perdant de la force.

modérer la vitesse lorsqu'on la jugerait tant soit peu dangereuse : il pratique, dans la tige qui unit le piston au wagon, un robinet dont la clé serait sous la main du conducteur du convoi, au moyen duquel ce conducteur injecterait l'air dans le tube, à volonté. A volonté quant au moment de l'injection, cela est vrai ; mais quant à la quotité de l'air à injecter, tout-à-coup, cela est au moins douteux ; d'ailleurs, faire rentrer de l'air dans le tube propulseur, ne serait-ce pas perdre la force employée à extraire de ce tube la même quantité d'air. Il est encore à remarquer qu'en faisant rentrer de l'air dans un tube peu incliné, on en remettrait aussi dans les tubes suivants qui pourraient avoir une plus forte inclinaison, et que l'air n'y serait plus raréfié au degré requis pour que le mouvement se continue ; on pourrait donc perdre du temps, ainsi que de la force.

On perdrait également de cette force, dont la production est coûteuse, lorsque le convoi aurait à descendre sur une rampe. Ici nous ne voulons pas parler de ce qui se fait sur le chemin de Kingstown à Dalkey, où les voitures descendant par leur propre poids, leur mouvement n'est modéré que par des freins et par la résistance de l'air; notre observation concerne le procédé bien plus sûr proposé par M. Hallette : si, au moment où un convoi se présentait au sommet d'une rampe, pour descendre, un autre convoi venait de monter, si, averti de son arrivée, on avait eu la précaution de ne pas rouvrir les vannes des tubes d'aspiration, le tube ou les tubes de propulsion se trouveraient pleins d'air; on n'aurait donc besoin, pour opérer la *descension*, que de fermer les clapets inférieurs de ces tubes ; l'air comprimé entre ces clapets et le piston aurait bientôt acquis assez de densité pour arrêter le wagon quelque pût être sa surcharge et la rapidité de la rampe, et il serait nécessaire de laisser échapper cet air par le robinet dont il a déjà été question. Dans ce cas, il ne serait pas perdu de force, il n'en serait même pas employé;

mais si, à l'arrivée du convoi au sommet de la rampe, l'air se trouvait raréfié dans les tubes, on devrait y laisser rentrer l'air, et il y aurait une perte de force.

Nous ajouterons qu'il y aurait aussi perte de temps, en effet : le wagon remorqueur arriverait là en tête du convoi ; mais, à la descente, pour qu'il retienne les voitures, il devrait être en arrière d'elles, et ce ne serait pas une manœuvre facile que de faire passer toutes ces voitures en avant de lui, et de le remettre ensuite en tête.

Pour éviter cela, il faudrait avoir un deuxième wa-gon à l'arrière du convoi ; mais alors il serait néces-saire de séparer le premier wagon de la tige du piston et de rattacher cette tige au deuxième wagon, opéra-tion qui obligerait de faire avancer, à bras, toutes les voitures et de les retenir sur la rampe, jusqu'à ce qu'elles fussent toutes réunies entr'elles et aux deux wagons, et que le piston fut attaché au wagon d'ar-rière.

Les conclusions qui paraissent découler, de ces diverses observations sont d'abord que les dispo-sitions imaginées par M. Hallette sont meilleures et bien plus susceptibles de perfectionnement, que celles adoptées pour le chemin de Kingstown à Dalkey ; mais que, quelque puisse être ce perfectionnement, le système de propulsion atmosphérique ne doit pas être substitué à celui des locomotives, parce que le pre-mier, appliqué à un chemin à une seule voie, présenterait de graves inconvéniens et coûterait plus que le deuxième appliqué à un chemin à double voie ; et que si, pour éviter ces inconvénients, on doublait la voie, l'augmentation de la dépense, comparativement à ce que coûtent les chemins à locomotives, serait telle, que les partisans les plus prononcés des chemins atmosphériques y renonceraient forcément.

Les chemins à locomotives ont réellement des avantages qui leur sont inhérents et auxquels on ne peut opposer que deux défauts essentiels : ils exposent à des dangers et ils ne comportent que de si faibles pentes, que, dans un pays accidenté, leur établissement exige des travaux très-dispendieux. Des améliorations de détail et de sages précautions pourront seules diminuer ces dangers; quant à la difficulté de gravir les rampes, elle est insurmontable pour les locomotives ; et il faudrait renoncer à tout chemin en rampe si les machines fixes ne pouvaient pas suppléer aux autres, ou si elles ne le pouvaient qu'au moyen des cabestans et des cordes, par le procédé dont l'expérience a prouvé l'inefficacité; mais en abandonnant aux locomotives tous les chemins ou les parties de chemins établis de niveau ou avec une faible pente, on pourrait faire usage, sur les rampes, de tubes pneumatiques et de machines fixes agissant sur des appareils aspirateurs. Ceci semble contredit à l'avance par les observations que nous venons de présenter relativement à l'emploi de ces tubes sur les

rampes et particulièrement sur les rampes formées
de parties qui auraient des pentes différentes ; aussi
n'est-ce pas à des tubes organisés comme ceux dont
il a été question jusqu'ici, que notre proposition
s'applique : dans le cas particulier d'une rampe, le
tube propulseur peut être beaucoup plus simple, et
cependant, être d'un usage plus avantageux.

DEUXIÈME PARTIE.

*Exposé d'un mode de traction sur les rampes, en
faisant usage de la pression atmosphérique.*

Le tube pneuma-
tique.

Sans rainure
fermé à l'une
de ses extrémités.

Son piston.

Ses clapets.

Le tube, tel que nous le concevons, serait plus simple que ceux employés ou seulement proposés jusqu'ici, car il ne serait pas ouvert dans sa longueur ;
il serait même fermé à l'une de ses extrémités ; on
n'aurait donc plus à s'occuper du problême de la fermeture de la rainure, problême si incomplètement
résolu par MM. Clegg et Samuda, et dont la solution
par M. Hallette, dépend encore du succès de la fabrication d'un tissu à la fois souple, impénétrable et
inaltérable ; le piston ne devant pas sortir du tube,
il ne serait plus besoin de clapets de sortie ; il y en aurait un, vers l'entrée du tube, qui serait organisé d'a-
près le même principe que le clapet du chemin de

Kingstown, et qui, en même temps qu'il s'ouvrirait pour donner passage au piston, fermerait la communication du tube avec le tube précédent ; un semblable clapet, placé vers l'autre bout du même tube, fermerait sa communication avec l'appareil pneumatique.

Son câble.

Mais comment relier à un wagon remorqueur, le piston introduit dans un semblable tube ? ce ne peut être qu'au moyen d'un câble.... et tout d'abord nous ferons remarquer que ce câble, ne devant pas s'enrouler sur un tambour, comme les cordes de la rampe de Liège, n'aurait pas les mêmes inconvénients.

Voyons quelle devrait être la disposition de ces tubes, relativement à la rampe, et quelles manœuvres seraient à faire pour opérer le mouvement ascensionnel d'un convoi, et pour régler sa vitesse, à la descente.

Disposition des tubes.

Dans la partie inférieure de toute rampe, sur une longueur égale à celle d'un câble, il ne serait pas placé de tube ; sur une rampe qui n'aurait que la longueur d'un câble, le tube serait placé au-delà du sommet. Sur une rampe plus longue, le tube serait partagé en plusieurs sections séparées par des intervalles égaux, à peu près, à l'espace occupé par un convoi ;

Leurs intervalles.

toutes ces sections de tubes seraient mises en communication, chacune avec la suivante, et la dernière avec l'appareil pneumatique, au moyen de tuyaux qui pourraient être enterrés, en partie du moins ; il n'est pas besoin d'en dire le motif. Cette division du tube et cette manière d'en réunir les sections ont été pro-

Leurs communications entr'eux et avec l'appareil aspirateur.

posées par M. Hallette qui y trouve cet avantage que les chemins existants pourront traverser la voie à son niveau ; cette disposition lui est d'ailleurs nécessaire pour l'établissement de ses gares d'évitement. Ici elle serait indispensable pour le cas des longues rampes, afin que l'on puisse restreindre la longueur des câbles ; elle permettrait d'ailleurs de donner des pentes différentes aux diverses parties d'une même rampe. On verra quel avantage on pourrait tirer de cette faculté.

Leur pente pourrait changer, de l'un au suivant.

C'est à son extrémité supérieure que chaque tube serait fermé par une calotte métallique fixée au dernier tronçon de ce tube, de la même manière que ces tronçons le seraient les uns aux autres. Au centre de cette calotte serait un robinet au moyen duquel on injecterait de l'air dans le tube, à volonté, pendant la manœuvre de la descente.

Leur calotte de fermeture pourrait donner entrée à l'air, au moyen d'un robinet.

Dans chaque tube serait un piston à l'arrière duquel, et suivant son axe, serait une tige de 1 mètre de longueur, plus ou moins, à laquelle le câble serait fixement attaché ; au moment de l'ascension, le piston occuperait l'extrémité inférieure, et ouverte du tube, dans lequel il serait retenu par un cercle métallique boulonné intérieurement ; la tige d'attache dépasserait seule ce tube.

Chaque tube aurait un piston muni d'un câble.

Si, avant l'arrivée d'un convoi, on raréfiait l'air dans le tube, comme on devrait le faire, le piston serait mis en mouvement ; c'est pour que ce mouvement n'ait lieu qu'après que l'on aurait accroché le

Usage du clapet de départ.

câble à la première voiture de ce convoi qu'un clapet serait placé dans le tube, en avant de ce piston.

Au moment où un convoi, entraîné par une locomotive, arriverait au pied de la rampe, tous les pistons devraient se trouver dans la position que nous venons d'indiquer ; leurs câbles seraient étendus en arrière, le premier sur quelques poulies à gorges larges et profondes placées sur l'axe de la voie, chacun des autres sur le tube situé immédiatement au-dessous de celui auquel il appartient. L'air étant raréfié dans tous les tubes, au degré nécessaire pour que l'excédant de pression de la colonne atmosphérique put vaincre la résistance opposée au mouvement, par le poids du piston, du câble et du convoi, et par les frottements, et le câble inférieur étant accroché à la locomotive, on n'aurait plus qu'à faire glisser le tiroir du clapet du premier tube, et, l'appareil pneumatique continuant d'agir, le convoi monterait jusqu'à ce tube. Il arriverait là, en même temps que le premier piston terminerait sa course, après avoir fermé, en passant, le tuyau de communication des deux premiers tubes, au moyen du clapet dont il a déjà été fait mention.

Un instant suffirait pour détacher le premier câble, accrocher, à sa place, le deuxième câble à la locomotive et faire glisser le tiroir du clapet du deuxième tube ; le mouvement ascensionnel se continuerait donc, après une courte intermittence pour chaque

section de tube; les mêmes manœuvres se répéte-
raient, et le même effet serait produit.

Rampes séparées. Lorsque, par suite de la configuration du terrain,
deux rampes seraient séparées par une portion de
chemin d'une faible pente, la locomotive reprendrait
son action, pour faire franchir cet intervalle au convoi; mais on conçoit qu'alors ce ne serait pas la
même machine fixe, le même appareil pneumatique
qui servirait pour les deux rampes : pour chacune
d'elles, un appareil devrait être établi vers l'extrémité de la section de tube située au-delà de son sommet; il faudrait même plusieurs appareils pneumatiques sur une rampe continue dont la longueur dépasserait 8,000 mètres, en nous en rapportant, sur
ce point, à un aperçu de M. Hallette ; mais il est
peu probable qu'il y ait jamais lieu de faire une
rampe aussi longue, sans discontinuité.

Longueur des sections de tubes. Quant à la longueur de chaque section du tube ou
de chaque câble, elle pourrait varier suivant les loca-
lités, mais elle devrait être constante dans toute l'é-
tendue d'une rampe, la limite de cette longueur est
assez élevée, puisqu'une corde employée sur la rampe
de Blackwall s'étend sur près de 5,000 mètres; mais
il convient de donner aux câbles des tubes propulseurs bien moins de longueur, pour avoir la faculté
de plier le chemin aux pentes variées du terrain.
Il y aura peu d'inconvénients à multiplier le nombre
des sections de ces tubes, puisque le mouvement ne

sera interrompu qu'instantanément, à chaque intervalle, et que, d'ailleurs, les rampes ne seront qu'un accident, sur un long chemin.

Relation entre la force de traction, le poids des convois et les pentes.

Pour faire voir quel serait, dans le cas d'ascension sur ces rampes, le principal avantage des dispositions que nous venons d'indiquer, nous devons chercher quelle relation existe entre la charge d'un convoi (y compris le poids des voitures, celui du piston et de son câble), la pente de la rampe et la force de traction. Il résulte de diverses expériences, dont les résultats sont généralement admis, que, sur un chemin à rails établi de niveau, la résistance au mouvement résultant des frottements, ou la force de traction nécessaire pour vaincre cette résistance est comprise dans les limites de $\dfrac{1}{250^e}$ et de $\dfrac{1}{400^e}$ du poids du convoi ; cette force s'approche de la première ou de la deuxième de ces limites, suivant que les circonstances atmosphériques et l'état des rails augmentent plus ou moins l'intensité du frottement, et c'est le premier de ces rapports entre la force de traction et le poids des corps à entraîner, celui de 1 à 250, qu'il convient d'adopter dans le calcul de cette force, pour que, dans les cas les plus défavorables à son action, elle ne soit pas insuffisante pour remplir son objet.

Représentons par P le poids d'un convoi placé sur une rampe d'une longueur L, ayant une base B et une hauteur H ; par Q le rapport entre ce poids et la force d'inertie, sur un chemin horizontal, et cherchons quelle est la limite inférieure de la force de traction F capable de vaincre la résistance opposée, par le convoi, au mouvement ascensionnel : le poids P peut être décomposé en deux forces, l'une p perpendiculaire au plan de la rampe, l'autre f parallèle à ce plan, et agissant dans le sens contraire à celui de l'ascension; les valeurs de ces deux composantes seront $p = \dfrac{PB}{L}$ et $f = \dfrac{PH}{L}$. La force f est directement opposée à celle de traction F et la résistance exercée par la force p est égale à celle qu'un poids p exercerait sur un chemin de niveau ; c'est-à-dire qu'elle équivaut à $\dfrac{p}{Q}$; la force de traction qui doit être égale à la somme de ces deux résistances f et $\dfrac{p}{Q}$, est donc $F = \dfrac{PH}{L} + \dfrac{PB}{QL}$ $= \dfrac{P(QH + B)}{Q\sqrt{H^2 + B^2}}$ ou bien en représentant par R, le rapport $\dfrac{B}{H}$ de la base de la rampe, à sa hauteur,

$$F = \frac{P(Q + R)}{Q\sqrt{1 + R^2}}, \text{ d'où l'on peut tirer } P = \frac{F.Q\sqrt{1 + R^2}}{Q + R}.$$

On pourrait aussi exprimer la valeur de R en fonction de F et de P; mais elle se présenterait sous une forme compliquée, et l'on peut se dispenser de faire usage de cette expression.

On verra plus loin, sur un tableau calculé d'après ces deux formules, quelles seraient, pour des rampes de différentes inclinaisons, les forces de traction nécessaires pour faire monter un convoi d'un poids déterminé ; quel devrait être le calibre des tubes, pour qu'avec un degré déterminé de raréfaction, la pression atmosphérique put produire ces différentes forces, et enfin, à quel poids il faudrait réduire un convoi pour que ces mêmes forces fussent suffisantes pour le mettre en mouvement. Ici, nous nous bornerons à indiquer quel est, suivant la pente d'une rampe, la limite que le poids d'un convoi ne peut pas dépasser lorsque le tube propulseur n'a, comme sur le chemin de Kingstown à Dalkey, que 0ᵐ384 de diamètre, et qu'on n'y raréfie l'air qu'au degré marqué sur le baromètre, par 0,ᵐ5334 (21 pouces anglais). L'aire de la base de ce tube ou de son piston est de 11,40 décimètres carrés ; en prenant pour moyenne de la pression atmosphérique 103,ᵏ85, son excédant sur la force d'expansion de l'air raréfié sera de 72,ᵏ89 par décimètre, et par conséquent la force de propulsion de 830,ᵏ95. Sur un chemin de niveau, et à rails, cette force contrebalancerait l'inertie d'un train dont le poids serait de 207.737 kilog. $\frac{1}{2}$, mais ce poids devrait être réduit, d'après la formule $P = \dfrac{F.Q\sqrt{1+R^2}}{Q+R}$

pour une rampe de 10 mill^{es}.par mèt. à 59.356,^{k}54

id.	de 20	id.	à 34.629,^{k}15
id.	de 30	id.	à 24.450,^{k}72
id.	de 40	id.	à 18.900,^{k}34
id.	de 50	id.	à 15.407,^{k}20
id.	de 100	id.	à 8.029,^{k}85
id.	de 200	id.	à 4.153,^{k}94
id.	de 500	id.	à 1.843,^{k}26

On voit avec quelle rapidité décroît le poids que l'on peut donner à un convoi, à mesure que la pente des rampes devient plus forte.

Les calculs dont nous présentons les résultats ont été faits sans avoir égard à l'air qui rentrerait dans le tube, ni au frottement du piston ; ils ne donnent donc, pour chaque inclinaison de rampe, qu'un maximum que l'on n'atteindrait, même en perfectionnant les moyens de fermeture, qu'en raréfiant l'air, dans le tube, à un plus haut degré que nous ne l'avons supposé, ce qu'on ne pourrait faire qu'au moyen d'un plus fort appareil aspirateur, et en consommant plus de charbon. On ne peut donc pas dire que l'on puisse franchir les plus fortes pentes, sur les chemins dits atmosphériques ; on ne le pourrait du moins qu'en réduisant, outre mesure la charge des convois, ou en donnant à tous les tubes, un diamètre bien supérieur à celui du chemin de Dalkey ; or nous avons vu ce qui résulterait de ce grossissement des tubes.

Il n'en serait pas de même, si l'on n'employait les tubes pneumatiques que sur les rampes impraticables par les locomotives, et si on les organisait comme nous venons de le dire : chaque section de tube aurait le diamètre convenable à la pente de la portion de rampe correspondante ; on pourrait donc donner un fort calibre à l'une de ces sections, sans augmenter celui des autres, et par conséquent sans grossir démesurément la dépense ; quant aux brusques variations de vitesse et à l'intermittence possible du mouvement, que nous avons signalées comme des défauts inhérents aux deux modes, déjà connus, de propulsion atmosphérique, nous ferons remarquer que, dans le mode nouveau, chaque tube étant proportionné à la force de traction dont on aurait besoin pour vaincre l'inertie du train, et la résistance opposée au mouvement par la gravité et les frottements, la raréfaction devrait être et serait en effet la même dans tous les tubes ; on n'aurait donc pas à craindre d'intermittence ; il y aurait bien encore, lorsque le piston en action serait celui d'un petit tube, une plus grande vitesse que lorsque ce serait celui d'un tube d'un plus grand diamètre ; mais ce changement de vitesse aurait lieu sans soubresaut, (à l'opposé de ce qui arriverait sur les chemins atmosphériques) puisqu'il y aurait un temps d'arrêt entre l'emploi d'un tube et celui du tube suivant ; au reste nous indiquerons un moyen de rendre cette vitesse à peu près invariable.

Mais auparavant nous devons fixer la limite de la pente qu'il serait possible de donner aux rampes et prévenir l'objection qui serait faite au sujet des tubes d'un grand diamètre, alors même qu'ils ne seraient employés, comme nous venons de le dire, que pour les sections de rampes d'une forte pente.

Le moyen de diminuer ce diamètre, c'est d'employer à l'ascension sur les rampes, simultanément avec les tubes pneumatiques, les locomotives attelées aux convois.

Ces machines, agissant seules, ne peuvent se donner ni transmettre un mouvement progressif, lorsque l'inclinaison de la rampe à gravir dépasse une certaine limite, parce que leur action se réduit à faire tourner l'essieu auquel leurs roues motrices sont fixées ; de sorte que si ces roues glissaient librement sur les rails, elles tourneraient sans qu'il fut produit d'autre effet. La force qui tend à opérer cette rotation n'éprouve d'autre résistance que celle du frottement de l'essieu dans ses boîtes et celle du frottement des roues sur les rails ; la première est facilement vaincue par cette force de rotation ; la deuxième dépend du poids de la machine et de la pente de la rampe, ou de la pression normale de cette machine : tant que celle-ci est suffisante pour empêcher le glissement des roues, ces roues, en tournant, font monter la locomotive ; mais du moment où ce glissement a lieu, il n'y a plus de translation, du moins elle ne s'opère pas dans le sens de l'ascension, et il ne servirait à rien d'augmenter la force qui produit la rotation, cela ne ferait qu'augmenter la vitesse de ce mouvement. Il n'y a qu'une force de traction ou de propulsion, appliquée à un point fixe de la locomotive, qui puisse la faire monter. et il convient que cette force agisse parallèlement à la rampe, et soit dirigée sur le centre de gravité de la voiture, ou de son essieu.

Nous avons donné la formule de la valeur de cette force pour le cas ou elle agirait seule ; il faudrait déterminer maintenant ce quelle devrait être lorsqu'à son action se joindrait celle de la locomotive : cette force serait connue, si, pour chaque degré d'inclinaison d'une rampe, on savait quel peut être l'effet utile de cette machine, alors même que le frottement de ses roues motrices, sur les rails, serait insuffisant pour empêcher leur glissement.

Nous n'aborderons pas ce problème dont la solution, quelle qu'elle soit, aurait besoin d'être confirmée par des expériences, nous nous bornerons à supposer que la force de traction nécessaire, que nous avons représentée par $F = P \dfrac{(R+1)}{Q\sqrt{R^2+1}}$ se diviserait en deux parties, l'une $F' = \dfrac{P}{\sqrt{R^2+1}}$ l'autre $F'' = \dfrac{PR}{Q\sqrt{R^2+1}}$

et nous attribuerons la première à la pression atmosphérique, la deuxième à l'action de la locomotive. F', c'est la force capable de contrebalancer la gravité du convoi, sur le plan incliné, abstraction faite des frottements ; F'' est une force équivalente à la résistance que ces frottements opposent au mouvement, mais qui ne peut avoir d'effet utile qu'autant que les roues motrices ne glissent pas sur les rails. Qu'est-ce qui peut empêcher ce glissement sur une rampe rapide ? ce ne peut être qu'une force agissant, comme F', sur l'essieu des roues motrices ; elle favoriserait le frottement utile de ces roues sur les rails, en contrariant l'effet de la gravité du convoi, sans détruire entièrement la pression de la locomotive sur ces rails, et ce n'est que par là que cette force F' donnerait à F'' la faculté de surmonter la résistance des frottements des voitures du convoi.

Chacune de ces forces serait le complément de l'autre.

Ce qui est certain, c'est que ces deux forces s'entr'aidraient réciproquement et qu'ainsi en faisant agir la machine mobile sur les rampes, on pourrait donner aux tubes propulseurs un moindre calibre.

Nous reconnaissons que la répartition de la force F entre cette machine et ces tubes, ne se ferait pas précisément comme nous venons de le supposer, et ce qui semble le prouver, c'est que, sur les rampes peu inclinées, la locomotive pourrait utiliser une force supérieure à F'' (ce qui est rendu sensible par le tableau ci-après) et il est à croire que le contraire au-

rait lieu sur les rampes rapides ; mais notre supposition ne peut s'éloigner beaucoup de la vérité, elle
doit même être la vérité, pour les rampes d'une pente
moyenne, et cela est suffisant dans une question qui
ne peut être décidée, en dernier ressort, que par des
expériences.

Nous ferons remarquer que la valeur de F", (de
l'effet utile attribué à l'action de la locomotive)
sera toujours moindre que $\dfrac{P}{Q}$ puisque $\dfrac{R}{\sqrt{R^2 + 1}}$
< 1 ; or $\dfrac{P}{Q}$ est l'expression de la force capable de
vaincre l'inertie du convoi, sur un chemin de niveau ;
F" n'est donc que le minimum du pouvoir de la machine.

Les rapports entre la résultante F et chacune de
ses composantes sont : $\dfrac{F}{F'} = \dfrac{R+Q}{Q}$ et $\dfrac{F}{F''} = \dfrac{R+Q}{R}$ et le
rapport entre les deux composantes est $\dfrac{F'}{F''} = \dfrac{Q}{R}$; ainsi
connaissant l'une de ces trois forces, on pourrait fa-
cilement calculer chacune des deux autres.

TABLEAU indiquant, pour des rampes de pentes diverses 1°. la limite de la charge d'un convoi, pour une force de traction déterminée ; 2°. la force de traction nécessaire pour un convoi d'un poids déterminé, et le calibre du tube pneumatique qui pourrait produire cette force ; 3°. la force atmosphérique qui serait le complément indispensable, sur les rampes rapides, de l'action de la locomotive, et le calibre du tube correspondant à cette force ; 4°. l'effet utile attribué à l'action de la machine.

| PENTES DES RAMPES. | | Poids des convois (P) pour une force de traction de 1,000 kilog. | Force de traction (F) pour un convoi de 50 tonnes. | CALIBRES DES TUBES. | | Forces de traction complémentaires F' pour un convoi de 50 tonnes. | CALIBRES DES TUBES. | | Effets utiles F'' de la locomotive pour un convoi de 50 tonnes. |
Hauteurs pour 1 mètre de base.	Rapports R entre la base et la hauteur.			Diamètres.	Aires.		Diamètre.	Aires.	
m		k	k	m	décim. car.	k.	m	décim. car.	k
0,001	1.000	200.000,100	249,99985	0,2145	3,61	49,99997	0,0959	0,72	199,99988
0,002	500	166.667,000	299,9994	0,2349	4,34	99,9998	0,1356	1,45	199,9996
0,003	333,33	142.857,786	349,9984	0,2538	5,06	149,9993	0,1661	2,17	199,9991
0,004	250	125.001,000	399,9968	0,2713	5,78	199,9984	0,1918	2.89	199,9984
0,005	200	111.112,500	449,9943	0,2877	6.50	249,9968	0,2144	3,61	199,9975
0,010	100	71.432,14	699,97	0,359	10,12	499,98	0,303	7,23	199,99
0,015	66,67	52.635,52	949,93	0,418	13,73	749,95	0,371	10,84	199,98
0,020	50	41.674,17	1.199,78	0,470	17,34	999,82	0,429	14,45	199,96
0,025	40	34.493,53	1.449,55	0,516	20,95	1.249,61	0,480	18,06	199,94
0,030	33,33	29.425,01	1.699,27	0,559	24,56	1.499,36	0,525	21,67	199,91
0,035	28,57	25.656,71	1.948,71	0,599	28,16	1.748,84	0,567	25,27	199,87
0,040	25	22.745,45	2.198,24	0,636	31,77	1.998,40	0,606	28,88	199,84
0,045	22,22	20.428,81	2.447,52	0,671	35,37	2.247,72	0,643	32,48	199,80
0,050	20	18.541,67	2.696,63	0,704	38,97	2.496,88	0,678	36,08	199,75
0,100	10	9.663,46	5.174,12	0,976	74,77	4.975,12	0,957	71,89	199,00
0,200	5	4.999,02	10.001,96	1,356	144,54	9.805,84	1,343	141,70	196,12
0,500	2	2.219,25	22.540,25	2,036	325,73	22.361,36	2,028	323,44	178,89
1,000	1	1.408,51	35.502,12	2,556	513,04	35.360,68	2,554	510,99	141,44

La force de 1,000 kilogrammes serait donnée par un tube pneumatique de 0m,429 de diamètre ou 14,45 décimètres carrés de base.

Nota. Dans le calcul des calibres des tubes, on a supposé 1°. la pression atmosphérique égale à 103 kilog. 80, par décimètre carré ; 2°. la raréfaction, dans les tubes, portée à 2/3 et, par conséquent la pression efficiente égale à 69 k 20, par décimètre carré.

Ce tableau, dont les éléments ont été calculés sans tenir compte du frottement du piston, et en supposant qu'il ne rentrerait pas d'air dans les tubes, fait voir 1° quel doit être le décroissement du poids d'un convoi sollicité par une force constante, à mesure que s'accroît la rapidité de la rampe à franchir : si ce poids peut être de 100 tonnes sur un chemin de niveau, il doit être réduit à moins de 29 tonnes sur une rampe de 10 millimètres, à moins de 12, sur celle de 30 millimètres, à moins de 7 1|2 sur celle de 50 millimètres, à 2 tonnes environ sur une rampe dont la base serait quintuple de la hauteur et à une demi tonne seulement, sur un plan incliné à 45°.... ce qu'on ne note que pour faire remarquer, de nouveau, à quelle condition on pourrait établir des chemins sur les plus fortes pentes, soit que l'on emploie, comme force motrice, la pression atmosphérique ou toute autre force.

2° Quelle doit être, dans le même cas, l'accroissement de la force de traction ou de propulsion ; et 3° l'augmentation du diamètre et de l'aire du tube pneumatique.

Nous espérions, en calculant le diamètre de ce tube dans la supposition où l'on n'emploierait que la seule pression atmosphérique et dans celle où cette force serait secondée par celle d'une locomotive, faire ressortir l'avantage de ne pas laisser cette machine inactive, dans l'ascension des rampes trop rapides pour elle seule ; mais nous devons reconnaître que cet avantage n'est pas très marqué, on ne doit pas le négliger cependant... pourquoi laisserait-on se perdre la vapeur que l'on peut utiliser ?

Les chiffres de la dernière colonne prouvent que la valeur de F'', (de la force égale à la résistance des frottements), varie très peu avec l'inclinaison de la rampe ; sa limite supérieure, correspondante au chemin de niveau, est de 250 kilogrammes ; cette force n'est plus que de 200 kilogrammes sur une rampe inclinée de 1 millimètre par mètre et serait encore de plus de 140 kilogrammes sur un plan à 45°. La force F' serait suffisante pour empêcher le train de descendre sur la rampe; celle F'', (tant qu'elle ne serait pas rendue inutile par le glissement des roues motrices sur les rails), serait égale à la résistance des frottements opposés à l'ascension, ainsi un assez faible accroissement de F', produit par un plus haut degré de raréfaction dans le tube, déterminerait le mouvement.

On voit, du reste, que, du moment où la pente d'une rampe rend possible le glissement des roues motrices sur les rails, il est inutile de faire faire, à la locomotive, un effort supérieur à 200 kilogrammes ; tout ce qu'elle ferait de plus n'aurait d'effet que l'inutile rotation de ces roues.

Revenons maintenant à la question de la vitesse :

Conditions de la vitesse des convois. Nous avons dit que, dans tout système atmosphérique, cette vitesse ne pouvait dépendre ni du poids du convoi, ni de la pente de la rampe à franchir ;

mais seulement de la vitesse imprimée aux pistons de la pompe pneumatique, par la machine fixe, et du rapport existant entre l'aire du tube propulseur et celui des corps-de-pompe : si l'on désigne par D le diamètre de ces corps-de-pompe, et par V la vitesse de leurs pistons ; par d le diamètre du tube et par v la vitesse de son piston ou celle du convoi remorqué par lui, cette dernière vitesse sera exprimée par

Ses variations.

$$v = \frac{V\,D^2}{d^2}$$; or D serait une quantité invariable dans l'étendue d'une rampe, tandis que d changerait d'un tube au suivant, lorsque la pente de cette rampe changerait elle-même ; on pourrait bien faire varier la vitesse V des pistons de la pompe, mais ce ne serait que peu à peu, et pas assez pour qu'elle restât proportionnelle au carré d^2, ce qui serait nécessaire cependant pour que la vitesse v fut constamment la même : elle changerait lorsque l'on passerait d'un tube à un autre d'un calibre différent ; elle serait plus petite, lorsque le convoi se trouverait sur une pente plus rapide ; parce que le tube à vider serait d'un calibre plus fort, qu'il y aurait par conséquent un plus grand volume d'air à en soutirer, et le contraire arriverait lorsque le même convoi passerait d'une pente à une plus faible. Dans les deux cas, le changement ne serait pas brusque, nous l'avons déjà fait remarquer, il aurait donc peu d'inconvénients ; d'ailleurs il pourrait être amoindri : l'intermittence du mouvement du convoi,

Moyen de la rendre régulière.

à son passage d'une rampe à la suivante, serait très-courte ; cependant le baromètre la rendrait sensible pour le conducteur de l'appareil pneumatique, qui pourrait accélérer ou ralentir le mouvement de la pompe, en raison du rapport, bien connu de lui, qui existerait entre le calibre du tube qui cesserait d'agir, et celui du tube suivant.

Un autre moyen d'obtenir le même effet, dans quelques circonstances, pourra se déduire des observations que nous allons présenter sur le pouvoir à donner aux machines fixes appliquées aux appareils aspirateurs :

Puisque la vitesse d'un convoi dépend de la puissance de ces appareils, on ne peut l'obtenir grande, qu'en donnant un grand diamètre à leur corps-de-pompe, et en imprimant une grande vitesse à leurs pistons, et pour cela, il faut une machine à vapeur d'une grande force ; aussi, sur le chemin de Kingstown à Dalkey, où le diamètre du tube n'est que de 0^m38^c, emploie-t-on un appareil dont les pistons ont un diamètre de 1^m70^c et une vitesse de 77 mètres par minutes, ce qui devrait donner au convoi la vitesse de 92 kilomètres à l'heure, que l'on est loin d'atteindre. On n'est pas d'accord sur la puissance de la machine à vapeur qui met en action cet appareil, mais il est certain que, l'air ne rentrât-il pas en abondance, dans

le tube, par sa rainure mal fermée, cette machine devrait encore être d'une grande force, et non-seulement elle coûterait beaucoup ; mais une grande partie du combustible qui y serait consommé, le serait en pure perte, parce qu'elle n'aurait pas à agir constam-ment, si ce n'est pour obvier au défaut d'une impar-faite fermeture du tube, et qu'elle devrait être cepen-dant, prête à agir à tout instant. Ces observations ne s'appliquent pas seulement au système mis en pratique par MM. Clegg et Samuda ; mais aussi à celui de M. Hallette et au mode particulier que nous proposons, et nous croyons que, dans les trois cas, il faudrait pour éviter la dépense de fortes machines et une trop grande consommation de charbon, tirer partie d'une idée émise à l'occasion des chemins pneumatiques pour lesquels on ferait usage d'air comprimé, celle d'avoir des réservoirs. Il ne s'agirait plus ici de réser-voirs d'air, mais plutôt au contraire de réservoirs de vide, d'un vide plus ou moins complet. Ces réservoirs d'air raréfié ne seraient ni aussi difficiles à faire, ni aussi coûteux que ceux d'air condensé ; ceux-ci de-vraient être d'une grande solidité, pour résister à la force expansive de l'air qui y serait comprimé à un très haut degré ; tandis que les autres, ceux dont nous proposons l'emploi, résisteraient facilement, par leur forme même, à une pression qui jamais n'atteindrait celle de l'atmosphère.

Moyen de ré-duire cette force.

Réservoirs de vide.

Ces réservoirs pourraient n'être que de simples cuves en bois, enterrées sur toute leur hauteur, et recouvertes par des calottes hémisphériques en tôle.

Leur structure économique.

dont les feuilles s'appuieraient sur des cercles en fer. Ces cuves seraient soigneusement calfatées et enduites à l'extérieur, d'une matière hydrofuge ; leurs fonds seraient enduits semblablement ; ils seraient au besoin, consolidés ; on prendrait enfin toutes les précautions, qu'il est inutile de détailler ici, nécessaires pour mettre ces réservoirs à l'abri de l'humidité et de la pression de l'air extérieur. Leurs calottes seraient mastiquées sur leurs joints et peintes ; on y adapterait deux tuyaux garnis de robinets, l'un pour la sortie de l'air soutiré par la pompe ; l'autre pour l'entrée de l'air venant des tubes.

Leur pluralité.

Au lieu de ne faire qu'un ou deux grands réservoirs près de chaque machine, il vaudrait mieux en multiplier le nombre ; chacun d'eux étant plus petit, il serait plus facile de lui donner la force de résister à la pression atmosphérique, et lorsqu'il serait besoin d'y faire quelque réparation, on serait seulement privé de l'usage d'un seul ; on aurait, d'ailleurs, la faculté de n'en ouvrir qu'un ou plusieurs, pour recevoir l'air des tubes, suivant qu'on voudrait opérer, plus ou moins rapidement, la raréfaction dans ces tubes, obtenir une vitesse plus ou moins grande, dans l'ascension d'un convoi.

Et celle des pompes mises en action par une seule machine.

Afin de diminuer les dimensions et le pouvoir de la machine à vapeur, il conviendrait de substituer à un seul appareil dont les deux corps-de-pompe auraient nécessairement un grand diamètre, plusieurs appareils de plus petites dimensions. Au moyen de cela, on pourrait employer constamment la machine sans donner une grande activité à son feu : elle mettrait en action un ou plusieurs de ces appareils, suivant la tension de sa vapeur, et n'agirait avec toute son énergie et sur toutes les pompes, qu'au moment des passages de convoi, ou lorsque tous les réservoirs seraient pleins ; à mesure que l'intensité du feu diminuerait ou mettrait au repos, successivement toutes les pompes. Par ces moyens, on éviterait toute consommation inutile de charbon.

Les réservoirs seraient répartis entre les appareils pneumatiques, et leurs tuyaux d'*entrée*, aboutiraient à un conduit principal qui mettrait les tubes en communication directe avec les pompes.

Pour se préparer, d'avance, à l'ascension d'un convoi, on ne rariefierait l'air dans les tubes, qu'au degré nécessaire pour déterminer le mouvement d'un convoi d'un poids moyen ; dans les réservoirs, au contraire, on porterait la raréfaction au plus haut degré possible, par l'action prolongée mais modérée de la machine à vapeur. Dans le moment, facile à prévoir dans un service bien réglé, où un convoi devrait se présenter au pied des rampes, on augmenterait la raréfaction dans les tubes, sans la porter cependant beaucoup au-dessus du degré requis pour la mise en mouvement de ce convoi ; en cas de retard, dans l'arrivée, la machine ne s'arrêterait pas, mais c'est des réservoirs que l'air serait soutiré; puis, lorsque l'ascension commencerait, ce dont on s'apercevrait bien, de l'une à l'autre extrémité des tubes, sans le secours d'un télégraphe électrique, on s'empresserait d'ouvrir un et successivement plusieurs réservoirs pour y recevoir l'air refoulé par les pistons remorqueurs, pendant qu'on reporterait sur les tubes toute l'action des pompes. Pour se guider dans cette manœuvre, le préposé aux machines et réservoirs n'aurait guères que l'expérience (que, du reste, il acquerrait bien promptement) de la promptitude avec laquelle il devrait ouvrir ces réservoirs, suivant que l'air y serait plus ou moins raréfié, et suivant la succession de tubes de diamètres différents ; au reste, une erreur ou une négligence n'aurait ici d'autre inconvénient que d'imprimer une vitesse variable au convoi.

Pour rendre plus rare une semblable erreur, il serait bon de ne pas grouper tous les réservoirs autour de la même machine, mais de les répartir sur plusieurs points de la ligne, d'en établir particulièrement près des sections de tubes d'un plus fort calibre ; on les ouvrirait au moment où les pistons de ces gros tubes devraient se mettre en mouvement.

Répartition des réservoirs.

Ce serait ici le cas de profiter d'une idée émise, comme celle des réservoirs, à l'occasion de projets de chemins pneumatiques à compression (nous croyons qu'elle est due à M. Audrand) ce serait de s'emparer des forces naturelles, celles du vent et des chutes d'eau, pour diminuer l'effrayante et toujours croissante consommation de la houille. Rarement il arrivera qu'une chute ou un courant d'eau se trouvent précisément près d'une rampe, au point où l'on aura besoin d'établir un appareil pneumatique ; mais plus souvent on pourra utiliser la force du vent pour raréfier l'air dans des réservoirs tels que ceux qui viennent d'être décrits ; on ferait ainsi un amas de force, presque sans aucuns frais, dont l'emploi servirait à rendre moins variable la vitesse des convois, dans leur mouvement ascensionnel ; mais on devrait ne pas perdre de vue l'inconstance des vents et se prémunir contre les calmes prolongés, en disposant le grand appareil aspirateur et les réservoirs attenants, comme si l'on n'avait aucun moyen accessoire de raréfier l'air dans les tubes propulseurs.

En reconnaissant l'utilité de ces réservoirs *de vide*, et combien leur construction serait peu coûteuse, on s'effraiera peut-être de la grande capacité qu'il faudrait leur donner, pour obtenir, de leur emploi, un avantage notable ; pour rassurer, à cet égard, nous allons calculer quelles pourraient être leurs dimensions, et en quel nombre on devrait les construire :

Nous supposerons, dans ce calcul, que le diamètre moyen des tubes d'une rampe serait de 0^m40^c, et que celui des cuves réservoirs serait de 4^m00. La capacité des tubes serait, par kilomètre de 125^m664 et si l'on voulait donner à ces réservoirs seulement la même contenance, il suffirait d'en faire deux.

La partie hémisphérique de chacun cuberait 16^m 755 ; la partie cylindrique aurait donc une contenance de 46^{m}075 et par conséquent 3^{m}67^c de hauteur. Pour une rampe, ou une suite de rampes ascendantes, de 4 kilomètres de longueur, il faudrait donc huit réservoirs tels que ceux-là, pour que, tous ensemble, ils eussent la capacité des tubes ; mais cela ne suffirait pas pour obtenir un résultat réellement utile. En effet : si l'on ne devait raréfier l'air, dans ces réservoirs, qu'au degré requis pour que le convoi fut mis en mouvement, quelque soient leur nombre et leur contenance, ils ne serviraient à rien, aussi avons-nous déjà dit que la raréfaction devrait y être portée au plus haut degré possible ; mais si les diamètres des tubes étaient déterminés dans la supposition d'une haute raréfaction, comme par exemple celle de 0^{m}57^c, et qu'on n'atteignit, dans les réservoirs, que celle de 0^{m}64^c 1[8^c, par exemple, ces réservoirs, en recevant l'air refoulé, ne feraient parcourir au piston remorqueur que 1[8e de la longueur de la rampe, ou un demi kilomètre ; ce qui permettrait seulement de diminuer de 1[8e l'aire des pistons de la pompe, ou leur vitesse. Si le nombre des réservoirs était double, l'espace parcouru, indépendamment de l'action actuelle de la pompe, serait de 1 kilomètre et la vitesse des pistons de cette pompe, diminuée de 1[4 ; et pour que le mouvement se prolongeât dans toute la longueur de la rampe, sans qu'il fut besoin de faire agir l'appareil aspirateur, il faudrait que la capacité des réservoirs fut égale à huit fois celle des tubes, il en faudrait seize tels que ceux dont nous avons indiqué les dimensions.

Nous ne concluerons pas de là, malgré le peu de dépense à faire pour l'établissement de ces réservoirs, qu'il conviendrait de les multiplier à ce point ; mais nous ferons remarquer qu'en en restreignant le nombre, on en tirerait encore un grand avantage, en ce qu'ils dispenseraient de faire agir la machine à vapeur, dès le premier moment de l'ascension, ou bien permettrait de diminuer le pouvoir de cette machine et de l'appareil aspirateur.

Moyen d'en restreindre la nombre.

C'est pour obtenir un meilleur résultat, en employant des réservoirs d'une moindre capacité, que, dans le calcul du calibre des tubes sur des rampes diverses, nous avons supposé que l'air ne serait raréfié dans ces tubes, qu'aux 2_13 ; l'emploi de ces réservoirs serait plus efficace, puisque la raréfaction y serait relativement plus élevée.

Manœuvre à la descente.

Voyons maintenant comment les tubes disposés pour opérer l'ascension des convois, serviraient à modérer leur mouvement, à la descente : ici, il n'est nul besoin de machines à vapeur, de pompes pneumatiques, ni de réservoirs, et c'est pour cela, et pour ne pas interrompre ce que nous avions à dire sur ces objets, que nous avons différé de parler de cette nouvelle manœuvre.

Nous supposerons, d'abord, qu'au moment où un convoi se présente pour descendre, un autre convoi vient de monter ; tous les pistons sont donc dans le haut de leurs tubes qui sont pleins d'air. Le câble du tube situé au-delà de la rampe, vers son sommet, serait accroché à l'arrière de la dernière voiture du train dont une partie des voitures serait déjà sur la rampe, et qui serait mis en mouvement, au besoin, par quelques coups de piston de la locomotive. Le piston du tube serait d'abord entraîné ; mais le vide se formant derrière lui, il serait bientôt retenu par l'air extérieur et le convoi s'arrêterait, si l'on n'injectait de l'air, dans le tube, par l'ouverture pratiquée à cet effet dans la calotte. Cette injection pourrait être plus ou moins abondante, suivant qu'il serait nécessaire de ralentir, plus ou moins, le mouvement imprimé au convoi, par son propre poids, et en raison de la raideur de la rampe ; il suffirait, pour cela, de donner à l'air un passage plus large ou plus resserré, par le robinet de la calotte qui devrait être fermée presqu'entièrement, lorsque le piston serait près d'arriver à l'extrémité du tube ; on éviterait, par là, un choc trop violent de ce piston contre le rebord qui s'oppose à sa sortie du tube.

Mais nous venons de supposer qu'au moment où l'on aurait à faire descendre un train de voitures, les pistons se trouveraient dans le haut des tubes, et nous avions supposé qu'ils seraient dans le bas de ces tubes, lorsqu'au contraire un convoi se présenterait pour monter, il n'en serait pas ainsi cependant dans le cas où deux convois devraient descendre ou monter immédiatement l'un après l'autre ; il faudrait donc, dans le premier cas, faire remonter tous les pistons, et les faire descendre dans le deuxième cas.

On pourrait dire que dans un service bien réglé ; un convoi ascendant succéderait à un convoi marchant dans le sens opposé, et réciproquement ; qu'ainsi chacun d'eux ramènerait les pistons et leurs câbles, dans la position convenable à l'autre ; mais cette régularité peut être troublée, il faut donc aviser au moyen de la rétablir : pour cela, il suffirait d'avoir en réserve, au sommet de la rampe, un charriot assez pesant, par lui-même ou par une surcharge, pour en-

traîner à la descente, successivement, chacun des pistons, avec son câble. Cette manœuvre, comme on le voit, se ferait sans dépense de force, et sans grande perte de temps. On ramènerait le charriot au sommet

de la rampe, avec le premier convoi ascendant, ou bien on l'y ramènerait seul, si l'on devait faire remonter les pistons pour une nouvelle *descension*. Dans ce dernier cas, on n'aurait besoin que d'une

faible raréfaction que l'on obtiendrait en consommant bien peu de la force de la machine à vapeur. On pourrait même éviter de dépenser de cette force, en profitant de celle qu'un convoi, entraîné par sa pesanteur, use en pure perte, pour raréfier l'air dans un ou plusieurs réservoirs ; pour cela, au lieu de modérer le mouvement de ce convoi, en injectant de l'air dans le tube, comme nous venons de le dire, il faudrait mettre ce tube en communication avec un, et successivement avec plusieurs réservoirs pleins d'air ; par ce moyen, on modérerait également le mouvement du convoi descendant, et l'on créerait un vide qui servirait ensuite à faire remonter les pistons, lorsque plusieurs trains se présenteraient pour descendre successivement, sans interruption.

Les manœuvres qui viennent d'être décrites supposent que les rampes de pentes diverses, pour chacune desquelles il y aurait un tube, seraient toutes ascendantes dans le même sens, et ne seraient séparées que par des intervalles dont l'étendue ne serait guères que la moitié de l'espace occupé par un convoi ordinaire. Ces intervalles, où le chemin serait de niveau, seraient des stations instantanées où les voitures s'arrêteraient sans que l'on ait à craindre qu'elles fussent entraînées, sur la rampe, par leur propre poids. Si la configuration du terrain portait à mettre une plus grande distance entre deux rampes successives, pour éviter de coûteux terrassements, cet intervalle serait franchi au moyen de la locomotive, et alors ces deux rampes ne seraient plus desservies par la même machine à vapeur, par le même appareil pneumatique. Il en serait de même pour deux rampes, même très-rapprochées, lorsqu'elles s'élèveraient, d'un même point, dans deux directions opposées ; il devrait y avoir une machine vers le sommet de chacune d'elles. Ceci nous donne lieu de faire remarquer que, abstraction faite de ce cas particulier, avec le mode de propulsion que nous proposons, il n'y aurait, pour une suite continue de rampes, qu'une seule machine à établir, tandis que les deux systèmes atmosphériques, déjà connus, exigeraient une machine à chacune des extrémités d'un chemin, quelque bornée que put être son étendue.

Inconvénients de deux rampes ayant un sommet commun. Il nous reste à parler du cas où deux rampes concourraient au sommet d'une hauteur : chacune de ces rampes exigerait qu'un tube fut placé au-delà de ce sommet ; elles ne pourraient donc pas être dans le prolongement l'une de l'autre, et il résulterait de là deux inconvénients qui auraient, du reste, peu de gravité : le premier, c'est que, pour passer de l'une à l'aure rampe, le convoi aurait à suivre une voie courbe, ce qu'il ferait à l'aide de sa locomotive; le second, c'est que le tube extrême de chaque rampe, pourrait être incliné dans un sens opposé à celui de la rampe à laquelle il appartiendrait ; son câble se courberait donc et devrait être supporté sur deux ou trois poulies.

Moyen de les éviter. Au reste ces inconvénients pourraient être évités dans le plus grand nombre de cas, en séparant les deux rampes opposées par un intervalle, où le chemin serait de niveau ou peu incliné, et que l'on franchirait au moyen de la locomotive.

Après tous ces détails nécessaires pour faire connaître tout le parti qu'on peut tirer des tubes pneumatiques pour, au moyen de câbles attachés aux pistons de ces tubes, remorquer des convois sur des rampes rapides, et régler leur mouvement à la descente ; après avoir cherché à prévenir, par des explications anticipées, bien des objections, il nous reste à répondre à celle qui nous sera faite, sans doute, sur le surcroît de dépense qu'entraînera le double emploi de machines fixes et de machines mobiles : nous pourrions dire, d'abord, qu'en n'employant seules les locomotives, que sur les chemins d'une faible pente, on pourra réduire leur pouvoir et diminuer leur poids ; ce qui serait déjà une compensation de la dépense des machines fixes, du moins sur les chemins d'une grande longueur et sur lesquels il y aurait peu de rampes ; mais pour ne pas éluder la difficulté, nous l'aborderons en supposant un chemin qui aurait autant ou plus de développement en rampes raides qu'en pentes douces ou nulles. Dans ce cas les locomotives seraient insuffisantes et seraient, pour les machines fixes, un utile auxiliaire ; ni les unes, ni les autres, n'emploient leurs forces sans effet ; on ne peut donc pas dire qu'en faisant usage des unes et des autres, sur le même chemin, on ferait une dépense en pure perte. A l'aide des machines fixes, on franchirait des hauteurs au pied desquelles les locomotives seraient nécessairement arrêtées, si on ne leur ouvrait un passage en exécutant de dispendieux travaux ; d'ailleurs, on ne renoncera pas aux chemins à rails existants, on ne brisera pas leurs locomotives, et ces machines, après avoir parcouru un de ces chemins, pourront continuer utilement leur course sur un chemin ayant des rampes desservies par des machines fixes et des tubes pneumatiques ; tandis que, sur un chemin atmosphérique, elles useraient les rails sans utilité, et consommeraient de la force, en pure perte Les laisserait-on à l'entrée de ce chemin ? Mais, alors, on ne les retrouverait pas à la sortie, pour parcourir un chemin dénué de tubes.

Le système mixte serait plus économique que celui des chemins atmosphériques. Au reste, sous le rapport de l'économie, le système mixte, que nous préconisons, a tout l'avantage sur celui des chemins atmosphériques ; la chose est hors de contestation s'il est prouvé, comme nous le pensons, que ces chemins devraient avoir deux voies, et elle est très soutenable dans le cas même où une seule voie leur suffirait ; mais cela ne peut être prouvé sans réplique, que par des évaluations comparatives faites sans partialité.

Epaisseur comparée des tubes. A ce que nous avons dit, à ce sujet, nous ajouterons que des tubes fendus, dans toute leur longueur, ont besoin d'une grande épaisseur de métal pour résister à la pression de l'air extérieur : dans le tube d'essai de M. Hallette, les bords de la rainure se rapprochent

de 5 millimètres lorsqu'on y raréfie l'air à 62 centimètres. Les tubes *fermés* dont nous proposons l'emploi, résisteraient très-bien à la plus forte pression, à
celle d'une atmosphère, alors même qu'on réduirait
leur épaisseur à la moitié de celle de ce tube d'essai
et cette diminution donnerait une économie de plus
de 60,000 francs, par kilomètre de chemin. On ne
peut pas mettre en opposition avec cette économie, la
dépense à faire pour les câbles, ni le grand nombre
de pistons à employer dans les tubes fermés ; ces pistons ne servant que dans un tube et n'en sortant jamais que lorsqu'ils auraient besoin de réparation ,
dureraient bien plus long-temps qu'un piston unique
servant sur toute la longueur d'un chemin , si l'on
n'était pas obligé de le remplacer avant le terme de sa
course, pour en renouveler les garnitures. Mais disons, ainsi que nous l'avons annoncé, comment ces
pistons devraient être organisés pour êtres propres
au mouvement, dans les deux sens. Pour donner cette
propriété à son piston, M. Hallette a l'intention d'y
appliquer le principe de ses lèvres pneumatiques ;
mais il ne l'a pas encore fait, faute d'un tissu qui ,
gonflé, aurait la forme d'un tore dont le cercle gé-
nérateur serait d'un très-petit rayon.

Il nous semble que l'on peut éluder la difficulté de
la fabrication de cette enveloppe, en ne tissant que la
partie extérieure d'un tore engendré par un cercle
bien plus grand. Le piston serait un cylindre métalli-

que dont l'enveloppe serait supprimée, vers chacune de ses extrémités, sur 10 à 15 centimètres de longueur. Ces deux zônes seraient recouvertes par ce tissu rendu imperméable à l'air, et le piston, terminé d'ailleurs par deux plaques métalliques, se trouverait ainsi fermé. Il serait traversé par un axe qui relierait ses deux bases et se prolongerait de 1 à deux mètres en deçà de l'une d'elles.

Cet axe serait un tube vers l'extrémité duquel serait une ouverture fermée par une soupape et par laquelle, avec une pompe à mains, on injecterait et comprimerait l'air dans le piston. Par l'effet de cette compression, les deux bandes de tissu seraient gonflées et, par leur contact avec la paroi du tube, elles empêcheraient le passage de l'air : elles seraient recouvertes de deux bandes de cuir fixées par leurs bords à l'enveloppe du piston. Ce sont ces bandes de cuir, qu'on pourrait renouveler, qui préserveraient le tissu imperméable, de l'effet du frottement.

C'est à l'extrémité de l'axe du piston que serait attaché le câble. L'avantage de cette disposition sur celle projetée par M. Hallette, c'est que dans celle-ci, le petit tore renfermant très-peu d'air, ne serait plus assez gonflé, pour peu qu'il en perdît, tandis que le piston, tel que nous venons de le décrire, renfermerait un assez grand volume d'air pour pouvoir en perdre sans que sa force expansive en soit sensiblement diminuée. Ajoutons qu'il serait très-facile d'y augmenter la condensation de l'air, puisque le tube d'injection sortirait du tube lorsque le piston se trouverait à son extrémité inférieure.

Des rampes non rectilignes. Il nous reste à réparer une omission : nous n'avons pas parlé du cas où une rampe ne pourrait pas être tracée en ligne droite, et nous devons convenir, d'abord, qu'aucun changement de direction ne pourrait avoir lieu dans l'étendue d'un tube ; mais rien n'empêcherait de courber la voie dans les intervalles qui sépareraient un tube du suivant ; arrivées là, les voitures ne seraient plus tirées par le câble, il y aurait donc ralentissement de vitesse, et la courbure de la voie pourrait être d'un assez petit rayon. Disons encore que pour que le mouvement se continuât, après que le piston, arrivé au terme de sa course, aurait cessé de tirer son câble, il faudrait donner à ce câble plus de longueur qu'au tube, et ajoutons qu'au même moment, la locomotive devrait se détacher du même câble... ce qui ne présente, au reste, aucune difficulté.

A l'égard des câbles, nous n'avons rien dit de leur nature, de leur grosseur, ni de leur poids, et quant à la limite de leur longueur, nous nous sommes borné à une indication peu importante ; c'est que, pour se prononcer sur ces questions, il faut pouvoir s'appuyer sur des faits d'expérience, que nous n'avons pu recueillir. Des câbles en fil de fer, s'ils n'étaient trop lourds, sembleraient convenables ; on pourrait les alléger en n'en composant que le noyau en fil de fer, et en le recouvrant de chanvre qu'une peinture ou un enduit mettrait à l'abri de l'humidité.

RÉSUMÉ.

Les détails auxquels nous avons dû nous arrêter, dans le courant de ce mémoire, rendent nécessaire un résumé de nos principales observations et propositions :

Nous avons d'abord reconnu que le mode de propulsion atmosphérique pratiqué près de Dublin, serait bien amélioré par l'application du moyen imaginé par M. Hallette, pour fermer la fente longitudinale des tubes ; car l'obturation de cette fente, par des lèvres pneumatiques, serait complète, si l'on parvenait à fabriquer, pour en former l'enveloppe de ces lèvres, un tissu souple, imperméable et inaltérable ; il ne resterait qu'à le mettre à l'abri de tout dégât, aussi avons-nous supposé, dans l'examen du système des chemins atmosphériques, qu'il ne rentrerait plus d'air dans les tubes propulseurs ; nous avons même fait abstraction de celui qui s'introduirait, dans ces tubes, par leurs clapets et ceux de la pompe. Nous avons également reconnu que ce système, qui délivrerait les voyageurs de toute crainte d'explosion, les garantirait aussi du danger des collisions.... mais à quel prix ? La dépense d'établissement de ces chemins serait telle, si on leur donnait une double voie, que l'on s'est efforcé de prouver qu'une seule voie leur suffirait sur les lignes les plus fréquentées ; mais tout ce qui a été dit, dans ce but, s'appliquerait également aux chemins à locomotives ; aussi avons-nous adopté et soutenu l'opinion contraire qui est celle de plusieurs ingénieurs français et anglais des plus expérimentés.

Il n'aurait pas suffi de prouver l'inutilité d'une seconde voie sur les chemins atmosphériques, il fallait prouver aussi que, réduits à une voie unique, ils ne coûteraient pas plus que ceux à locomotives pourvus de deux voies, et c'est ce que les promoteurs de ces chemins ont tenté de faire en produisant des évaluations desquelles il résulterait qu'ils coûteraient moins; mais, pour arriver là, il leur a fallu supposer que la plus grande pente que l'on pourrait donner à ces chemins, comparativement aux autres, dispenserait de faire de dispendieux travaux de terrassement et de percement, et nous avons fait voir que c'était tirer, d'un fait réel, une conséquence exagérée. Nous avons conclu, de là, que les chemins atmosphériques, quoique réduits à une seule voie, coûteraient plus que ceux à locomotives à double voie, et beaucoup plus par conséquent que ceux établis avec une voie unique et cette conclusion est corroborée par les évaluations faites par divers ingénieurs.

Nous nous sommes attaché à démontrer que ce qui augmenterait la dépense d'établissement, et celle d'exploitation des chemins atmosphériques sur lesquels il y aurait quelque forte pente, ce serait la nécessité de donner à tous les tubes, le même calibre qu'à celui qui se trouverait placé sur la rampe la plus rapide ; et, de cette nécessité inhérente au système, soit que l'on s'en tienne au procédé de MM. Clegg et Samuda, ou que l'on adopte le mode imaginé par M. Hallette, résulterait un grand surcroît de dépense, et des inconvénients que nous avons signalés.

De tout cela nous ne concluons pas qu'on doive renoncer à la pression atmosphérique comme agent de locomotion ; mais nous proposons d'en borner l'usage au cas où les locomotives ne sont pas applicables, à celui où les pentes sont trop fortes pour ces machines ; ainsi l'on continuerait à se servir des locomotives qui agiraient seules sur les parties de chemins établies de niveau ou suivant une très faible pente, et sur les rampes ascendantes il serait suppléé à leur insuffisance, au moyen de tubes pneumatiques. S'il fallait choisir entre les tubes de Kingstown et ceux du constructeur d'Arras, la préférence serait dûe à ces derniers ; mais, comme les autres, ils ont le défaut qui vient d'être indiqué : le calibre de chacune de leurs sections ne pourrait pas être proportionné à la pente ; nous admettons que leur fente serait hermétiquement fermée par leurs lèvres ; mais cette fente, en les affaiblissant, obligerait à leur donner une très coûteuse épaisseur ; nous avons donc cherché une autre organisation de ces tubes, et c'est l'exposition du nouveau mode que nous avons imaginé, pour le cas particulier des rampes, qui est l'objet de la deuxième partie de ce Mémoire.

Les tubes ne seraient plus fendus; on pourrait donc réduire, de moitié au moins, leur épaisseur; ce qui diminuerait notablement la dépense d'établissement; chacune de leurs sections serait fermée à son extrémité supérieure, et ainsi disparaîtrait une seconde cause de la rentrée de l'air dans les tubes d'Irlande; l'extrémité inférieure de chaque tube serait fermée d'abord par un piston auquel resterait fixément attaché un câble un peu plus long que le tube, et qui s'accrocherait à la première voiture de tout convoi, à sa locomotive, et aussi par un clapet placé en avant du piston. L'utilité particulière de ce clapet serait de permettre de raréfier l'air dans le tube, au degré requis pour mettre un convoi en mouvement, sans que le piston soit sollicité à se mouvoir. Cet obstacle que l'on écarterait en faisant glisser le tiroir du clapet, lorsqu'on voudrait opérer une ascension, serait nécessaire jusqu'à ce moment-là, pour que le piston ne se meuve pas, seul avec son câble.

Une rampe pourrait se composer de plusieurs parties ayant des pentes différentes; au-delà de chacune de ces parties serait une section de tube, dont le calibre serait déterminé en raison de la pente de cette même partie de rampe; de sorte que, avec un égal degré de raréfaction, chaque piston, quelque soit son diamètre, serait sollicité par une égale force et pourrait entraîner le même convoi, quelque soit la diversité des pentes.

Au moment où un piston, arrivant vers l'extrémité supérieure de son tube, aurait dépassé, en la fermant, l'issue du tuyau d'aspiration, il refoulerait l'air resté dans cette partie du tube, et son mouvement cesserait sans choc ; la double branche d'un T qui servirait à accrocher le câble à la locomotive, serait retenue par deux tiges verticales fixées au sol, le convoi continuerait à se mouvoir, en vertu de sa vitesse acquise, et on l'arrêterait instantanément, pour l'attacher au câble du tube suivant.

Voilà toute la manœuvre, pour l'ascension ; celle à faire pour la descente serait aussi simple : chaque piston étant supposé dans le haut de son tube, le câble serait accroché à la dernière voiture du convoi qui serait entraîné par son propre poids, mais bientôt retenu par la résistance de l'air, à cause du vide qui se formerait dans le tube, en arrière du piston, du moment où ce piston, entraîné par son câble, aurait commencé à se mouvoir ; il faudrait donc injecter de l'air dans ce tube, et il serait facile de le faire de manière à donner au convoi telle vitesse que l'on jugerait convenable.

Nous avons dit comment on ferait descendre les pistons, si deux convois devaient monter successivement et comment on les ferait remonter, si, au contraire, deux convois se présentaient l'un après l'autre immédiatement, pour descendre. Dans ce dernier cas seulement, on dépenserait un peu de la force de la machine fixe, pour la manœuvre de la descente ; encore avons-nous indiqué un moyen simple d'éviter cette faible consommation de force, et même d'en accumuler sans frais, en profitant du mouvement imprimé à un convoi descendant par son propre poids, pour raréfier l'air dans des réservoirs de *vide*.

A l'égard de la vitesse que l'on pourrait imprimer à un convoi ascendant, nous avons vu qu'elle ne dépend ni du poids de ce convoi ni de la rapidité des rampes ; mais bien du rapport existant entre le calibre de chaque tube et celui des corps-de-pompe, et aussi de la vitesse des pistons de la pompe ; nous en avons conclu que pour obtenir une grande vitesse de transport, il faudrait un puissant appareil pneumatique, une forte machine à vapeur, ce qui donnerait lieu à une grande dépense d'établissement et à une ruineuse consommation de charbon ; nous aurions pu faire remarquer que cette observation ne s'appliquait pas aux rampes pneumatiques au même degré qu'aux chemins atmosphériques, parce que un petit nombre de rampes n'exigeraient que peu de machines, et qu'il en faudrait beaucoup, sur de longs chemins.... et par cette autre raison que la célérité du transport ne serait guères affectée par le ralentissement de la vitesse sur quelques rampes qui feraient partie d'un chemin d'un grand développement ; du reste nous avons indiqué les moyens de dispenser de faire usage de très-fortes machines, et surtout de ne pas y consommer du charbon en pure perte : le principal de ces moyens consisterait dans l'emploi de cuves hermétiquement fermées dans lesquelles, à l'avance, on raréfierait l'air à un haut degré, en utilisant à cet effet la vapeur de la machine, alors même qu'elle n'aurait plus qu'une faible tension. Nous avons aussi appuyé l'idée, déjà émise, d'employer la force du vent, non plus pour comprimer l'air dans des réservoirs ; mais pour l'y raréfier. L'ensemble de ces dispositions et de celles que nous jugeons inutiles de rappeler dans ce résumé, nous semble propre à produire d'utiles résultats ; leur adoption suppléerait avantageusement à l'insuffisance des locomotives auxquelles on ne peut pas renoncer en substituant au système actuel, celui des chemins atmosphériques. Nous avons bien reconnu que, sur ces chemins, on n'aurait plus à craindre ni les explosions, ni les collisions ; mais ce ne sont pas là les causes les plus ordinaires d'accidens, et les autres causes existeraient encore ; il y en aurait même de nouvelles : ainsi par exemple, le moindre écartement latéral d'un tube, pourrait occasionner le déraillement, et, par suite, le brisement de ce tube dont le remplacement serait une opération assez longue, pendant la durée de laquelle une grande étendue du chemin serait hors de service.

Etait-il besoin de prévenir cette objection : que sur une rampe un peu prolongée , il n'y aurait pas de croisement possible? N'aurait-on pas la faculté de doubler la voie dans un ou plusieurs intervalles , et d'y créer ainsi des gares d'évitement où les convois entreraient et d'où ils sortiraient facilement par l'action de leurs locomotives?

APPENDICE.

M. Arago, dans son rapport sur les chemins atmosphériques, lu dans la séance de la chambre des députés du 15 juillet 1844, a dit que « la possibilité d'arri- « ver à de grandes vitesses, sur ces chemins, ne sau- « rait être l'objet d'un doute chez ceux qui savent « avec quelle rapidité l'air se précipite dans le vide. »

En effet, l'air rentre dans un espace vide avec une vitesse de près de 400 mètres par seconde (394^{m},81) ce qui équivaut à plus de 1,400 kilomètres par heure (1,421,316 mètres)

Une semblable vitesse imprimée à un piston et, par lui, à un train de voitures, ne serait pas seulement suffisante, elle serait exorbitante et dangereuse, et elle le serait encore si on la diminuait en ne faisant dans le tube propulseur qu'un vide imparfait ; elle pourrait l'être du moins, quoique modérée par la résistance opposée au mouvement par le poids du piston et des voitures, et par leurs frottements. Mais si le piston devait parcourir toute la longueur du tube, c'est le vide absolu qu'il faudrait faire dans ce t ube ; car s'il y restait de l'air, refoulé par le piston, il aurait bientôt assez de densité pour arrêter ce piston et le repousserait même en arrière, en vertu de sa force d'expansion. Pour éviter les inconvénients d'une grande raréfaction et la difficulté que l'on éprouverait à l'obtenir, on la restreint donc au degré nécessaire pour que l'excès de la pression atmosphérique sur la force expansive de l'air raréfié, soit égal ou peu supérieur à la force d'inertie du piston et du convoi , et l'on prolonge le mouvement, en continuant de faire agir l'appareil aspirateur ; mais alors, on le voit bien, la vitesse imprimée au convoi ne dépend plus de celle de l'air rentrant dans le vide ou dans un espace où l'air a été raréfié ; elle est même indépendante de la charge de ce convoi et de la pente du chemin ; elle est déterminée seulement par le calibre du tube propulseur, par celui des corps-de-pompe de l'appareil et par la vitesse des pistons de la pompe. Elle est proportionnelle à l'aire de ces pistons ou au carré de leur diamètre, et à leur vitesse, et est en raison inverse de l'aire du piston remorqueur, ou du carré de son diamètre ; ainsi sur le chemin de Dalkey où le diamètre du tube est de $0^m,384$, et celui des corps-de-pompe, $1^m,70$, en supposant la vitesse des pistons de la pompe de $77^m,40$ par minute (comme dans les essais faits par M. Stephenson) la vitesse du convoi serait de près de 90 kilomètres à l'heure (89,700 mètres) s'il ne rentrait pas d'air dans le tube et dans les corps-de-pompe ; mais il en entre 6 mètres cubes et $\frac{1}{5^e}$ par minute, dans la pompe, et, dans le même temps, 9 mètres et $\frac{4}{5^e}$ dans le tube, sur une longuenr de 3 kilomètres... on peut donc s'étonner que l'on ait pu obtenir, comme le rapporte M. Arago, « une vitesse de 83 kilomètres à l'heure, pour un convoi de 30 tonnes. » Cette vitesse ne pouvait être telle, si les pistons de la pompe ne parcouraient que 70^{m},10 par minute, en effet : laissons de côté, pour un moment, le poids des voitures qui, comme nous venons de le dire, ne devait pas influer sur la vitesse imprimée au convoi ; avec cette vitesse de 83 kilomètres à l'heure, les 3 kilomètres ont dû être parcourus, en 2' 10", pendant ce temps il a dû rentrer, par les soupapes de la pompe 13 mètres $\frac{13}{30^e}$ d'air extérieur, par la soupape continue et les clapets du tube 10 mètres $\frac{37}{60^e}$ en tout 24 mètres $\frac{1}{20^e}$ et cet air, en se dilatant au même degré que celui contenu dans ce tube, a dû y occuper un volume de 72 mètres..... ; or la capacité de ce tube était de 340 mètres, le volume de l'air à en extraire de 412 mètres cubes ; la durée du parcours devait par conséquent être augmentée ou sa vitesse diminuée, dans le rapport de 340 à

412 ; cette vitesse devait donc être de 72 kilomètres $\frac{1}{2}$ à l'heure , et elle n'a pu être de 83 kilomètres que par l'effet d'une plus grande vitesse donnée
à la pompe : celle de 93^m,30 au lieu de 77^m,10 par
minute.

Quoiqu'il en soit de ce fait d'expérience, qu'il serait bon de constater par un nouvel essai , il est certain que l'on ne peut imprimer à un convoi, une
grande vitesse sur un chemin atmosphérique , qu'en
donnant un grand diamètre aux corps-de-pompe de
l'appareil aspirateur et une grande vitesse aux pistons
de la pompe, ce qui exige une machine à vapeur d'une
grande force, ou en restreignant, au contraire, le calibre du tube propulseur et par conséquent la charge
des convois.

Ainsi, beaucoup de force et peu de poids, telles
sont, sur ces chemins, les conditions d'une grande
vitesse, et ce n'est qu'en admettant ces deux oné-
reuses conditions, que l'on peut dire avec M. Arago,
« que les chemins atmosphériques fourniront le moyen
« de franchir les pentes » du moins en les organisant
d'après le mode de MM. Clegg et Samuda , ou d'après
celui de M. Hallette. « C'est là, ajoute l'illustre géomè-
« tre , leur propriété la plus précieuse et aussi la plus
« évidente. Le calcul donnera avec une exactitude ri-
« goureuse les poids *décroissants* que le même degré
« de vide pourra faire mouvoir sur les chemins de

« niveau ou inclinés de 10, de 20, de 30, de 40,
» de 50 millimètres, par mètre. » Malheureusement
le décroissement de poids, ici prévu, serait très rapide, à mesure que la pente augmenterait.

En effet, prenant pour exemple un chemin dont les tubes auraient $0^m,38^c$ de diamètre, (à peu près comme celui de Dalkey), et supposant que la raréfaction y serait portée aux $\frac{3}{4}$, l'aire du piston serait de 11,34 décimètres carrés, et comme la différence de pression sur les deux faces de ce piston, serait de $77^k,89$ par décimètre carré, l'excédent de la pression extérieure serait de $883^k,27$; et cette force de traction suffirait pour vaincre l'inertie d'un convoi de (220.218 kil. 158 grammes) 200 tonnes, sur un chemin à rails, de niveau ; mais cette charge devrait être réduite, sur une rampe inclinée de $0^m,005$ par mètre, à $98.142,^k78$

de	$0^m,010$	$63.094,^k55$
de	$0^m,020$	$36.810,^k39$
de	$0^m,030$	$24.546,^k39$
de	$0^m,640$	$20.090,^k44$
de	$0^m,050$	$16.377,_k31$
de	$0^m,100$	$9.200,^k86$

Nous devons dire que ces poids de convois remorqués par le piston d'un tube de $0^m,38^c$ de diamètre, ont été calculés pour le cas ou les frottements opposeraient au mouvement, sur des rails horizontaux, une résistance égale aux 4 millièmes du poids du convoi ;

c'est la supposition la plus défavorable à la force , car cette résistance peut n'être que les 2 millièmes $\frac{1}{2}$ de ce poids ; mais il nous semble que, dans des évaluations, on doit en agir ainsi ; si l'on calculait la charge à donner à un convoi, dans l'hypothèse d'un moindre frottement, il pourrait arriver que la force de traction se trouvât insuffisante ; il est vrai que, parmi les causes d'augmentation de frottement, il y en a qu'une administration soigneuse peut écarter, ce sont celles qui proviennent de la négligence apportée dans l'entretien des voitures et des rails ; mais il y en a d'autres, celles qui dépendent de l'état de l'atmosphère, qui ne peuvent être maîtrisées. Et il y a plus : c'est que ces charges calculées comme étant les plus fortes qui puissent être transportées, au moyen du tube de Dalkey, sur des rampes plus ou moins rapides, pourraient bien se trouver encore trop fortes , parce que l'évaluation en a été faite dans la supposition qu'il ne rentrerait aucune parcelle d'air ni dans les corps-de-pompe, ni dans le tube de propulsion ; or, parvînt-on à fermer hermétiquement la fente longitudinale de ce tube (ce que l'on ne peut guères espérer que de l'emploi des lèvres Hallette) l'air rentrerait dans le tube et par ses clapets de fermeture et par les soupapes de la pompe ; de sorte que l'on ne maintiendrait la raréfaction au degré requis pour que le mouvement ait lieu, que par l'action incessante de la machine à vapeur. Ajoutons, que dans la même évaluation, on a

fait abstraction du frottement du piston remorqueur
et de ses accessoires; et enfin, que les poids déterminés comprennent celui des voitures, qu'il faudrait en
déduire.

On dira peut-être que pour faire monter sur des
rampes des charges plus pesantes que celles qui viennent d'être indiquées, on n'aurait qu'à augmenter le
degré de raréfaction dans le tube, et cela est vrai ;
mais voyons quelle est la limite d'accroissement de
ces charges : on atteindrait cette limite, si l'on pouvait faire un vide absolu dans le tube ; dans cette supposition, la force de traction serait augmentée de $\frac{1}{5}$
et les charges calculées pourraient recevoir la même
augmentation ; mais cette limite est inaccessible, et l'on
ne doit pas supposer que, dans la pratique, on porterait
la raréfaction au-delà des $\frac{7}{8^e}$ (à $0^m,0665$ du baromètre) les charges indiquées ci-dessus ne pourraient
donc être augmentées que de $\frac{1}{6^e}$.

On peut conclure de ces observations, qu'avec un
tube propulseur de $0^m,38^e$ de diamètre, on peut bien,
sur un chemin de niveau et sur des rampes inclinées
seulement de 1 à 10 millimètres par mètre, diminuer
le degré de raréfaction dans le tube, pour des convois d'environ 50 tonnes ; que pour les pentes de 10
à 15 millimètres, pour le même tonnage, la raréfaction aux $\frac{3}{4}$ (celle marquée par $0,57^e$) serait nécessaire ; que si la pente approchait de 20 millimètres,

le poids du convoi devrait être réduit moyennement à
40 tonnes ; qu'il ne devrait plus être que de 25 tonnes environ , sur une rampe de 30 millimètres par
mètre , à 20 tonnes sur celle de 40 millimètres , et à
16 tonnes sur celle de 50 millimètres,

Nous ne dirons rien des pentes plus rapides encore ;
mais nous devons rappeler ici ce que nous avons
dit, dans le mémoire qui précède ces observations,
sur un inconvénient qui est inhérent aux deux systèmes atmosphériques qui font l'objet du rapport de M.
Arago :

Nous voulons parler de la nécessité de donner le
même calibre à tous les tubes d'un chemin , du moins
sur une grande étendue, de leur donner à tous le
calibre nécessaire pour la plus forte rampe. Nous
avons vu combien cela augmenterait la dépense d'é-
tablissement du chemin et les frais d'exploitation, et
fait remarquer que cela rendrait le mouvement d'un
convoi, irrégulier, saccadé et peut-être intermittent.
C'est ce que M. Arago a bien prévu, en disant que
« tout n'est pas connu et certain à l'égard du mouve-
» ment qui devrait s'opérer dans une série de pentes
» et de contre-pentes sensibles. »

Nous douterions de nous-mêmes, de la justesse de
nos raisonnements et de l'exactitude de nos calculs, si
nous nous trouvions, sur quelque point, en désac-
cord avec le savant rapporteur de la commission lé-
gislative qui a eu à examiner le projet de loi relatif

aux chemins atmosphériques ; mais nous ne faisons que développer ce que M. Arago n'a dit qu'avec restriction, 1° que sur ces chemins, il y a possibilité d'arriver à une grande vitesse, 2° qu'ils fournissent un moyen de franchir les plus fortes pentes. Nous avons jugé utile de préciser ces restrictions, ce qui ne pouvait pas être fait dans un rapport à la Chambre des Députés, et cela nous a conduit à cette conséquence conforme à l'opinion déjà exprimée par nous : que, sur ces chemins, beaucoup de force et peu de poids sont les conditions d'une grande vitesse ; et que beaucoup de force et peu de vitesse, sont celles du transport, sur des rampes, de convois d'un poids même très faible.

De là nous concluons que la pression atmosphérique ne peut pas être appliquée exclusivement et avec avantage, sur de longs chemins qui présenteraient une succession de pentes variables. Ici nous citerons encore ce que M. Arago dit, dans la supposition où cette conclusion serait justifiée par l'expérience, que « alors même, le système atmosphé-» rique pourrait avoir des avantages, dans tous les » cas où, pour franchir une forte rampe, on a eu » recours, jusqu'à présent, à des machines fixes » et à des cordages. » Telle est aussi notre opinion, nous l'avons exprimée dans le mémoire dont nous avons donné lecture à la Société académique d'Arras ; mais pour employer des tubes pneumatiques sur des rampes, il n'est pas besoin, avons-nous dit, d'affaiblir ces tubes en y pratiquant une rainure longitudinale, ce qui oblige, pour les renforcer, de leur donner plus d'épaisseur ; la suppression de cette rainure dispenserait d'aviser au moyen de la fermer ; mais aussi les pistons ne pourraient plus être reliés aux convois que par des câbles. On ne pourra pas opposer à l'emploi de ces câbles les inconvénients qui résultent de la raideur des cordages employés sur quelques rampes avec des machines fixes ; car ici, il ne s'agit plus d'enroulement sur des tambours de cabestans.

En faisant remarquer que les tubes pneumatiques pourraient être bien plus légers et par conséquent beaucoup moins coûteux que ceux des chemins atmosphériques, nous avons omis d'ajouter qu'ils pourraient être enterrés, ou couverts, exceptés vers leurs extrémités ; qu'ils seraient par conséquent mieux abrités que les tubes des chemins atmosphériques, lesquels, ainsi que leur soupape longitudinale ou leurs lèvres resteraient nécessairement découverts et exposés à toute la rigueur des saisons et à des accidents.

Nous n'éviterons pas de répéter encore une fois que l'organisation des tubes pneumatiques, que nous proposons de soumettre à des essais, permettrait de ne donner, à chaque section de ces tubes, que le diamètre exigé par le plus ou moins de raideur de la portion de rampe correspondante, ce qui est une

condition essentielle pour que l'on puisse effectivement, sans d'exorbitantes dépenses d'établissement
et d'exploitation , établir des rampes assez rapides
pour que l'on n'ait plus à faire les dispendieux travaux de terrassement et de percement qu'exigent les
chemins à locomotives, et dont les chemins atmosphériques ne dispenseraient que rarement et incomplètement.

Terminons par une nouvelle citation du rapport de M. Arago : « En ne consacrant qu'une faible
» somme à l'étude (et à l'essai) de ce nouveau sys-
» tème de propulsion , nous courrions le risque de
» voir, comme cela n'est que trop souvent arrivé ,
» une.... invention française nous revenir de l'étran-
» ger. »

Nous supprimons ici les épithètes flatteuses don-
nées par le savant rapporteur, à l'invention de M.
Pecqueur (son système pneumatique par compression) parce qu'il ne nous appartient pas de les appliquer à une idée qui nous est propre.

(Extrait des Mémoires de l'Académie d'Arras de 1844.)

Arras : Imprimerie de Jean DEGEORGE.